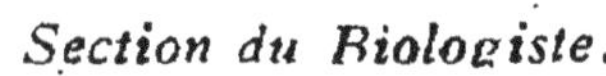

Section du Biologiste.

Dr P. MERKLEN et J. HEITZ

EXAMEN ET SÉMIOTIQUE DU CŒUR

LE RYTHME DU CŒUR
A L'ÉTAT NORMAL ET PATHOLOGIQUE

QUATRIÈME ÉDITION

MASSON et Cie
GAUTHIER-VILLARS

ENCYCLOPÉDIE SCIENTIFIQUE DES AIDE-MÉMOIRE

COLLABORATEURS

Section du Biologiste

MM.
Alquier (J.).
Aubertin.
Auvard.
Barré (G.).
Bauby.
Bazy.
Beauregard (H.).
Beille.
Bérard (L.).
Bergé.
Bergonié.
Bernard (Léon).
Berthault.
Berthelot (M.).
Beurmann (de).
Bodin (E.).
Bonnier (P.).
Brault.
Broca.
Brocq.
Brun (H. de).
Carle.
Castex
Catrin.
Cazal (du).
Charrin.
Chatin (A.).
Chatin (J.).
Collet (J.).
Colin (H.).
Cornevin.
Cozette.
Critzman.
Cuénot (L.).
Dallemagne.
Dastre.
Delobel.
Demelin.
Demmler.
Desmoulins (A.).
Dongier.
Dubreuilh (W.).
Eberhardt.
Ehlers.
Etard.
Faisans.
Féré.

MM.
Ferrand (Marcel).
Galippe.
Galliot.
Gasser.
Gautié (Albert).
Gautier (Armand).
Giraudeau.
Gouget (A.).
Gréhant (N.).
Hanot.
Hédon.
Heitz.
Hénocque.
Hitier.
Houdaille.
Jacquet (Lucien).
Jeanselme.
Kayser.
Kœhler.
Labit.
Lafont (F.).
Lamy.
Langlois (P.).
Lannelongue.
Lapersonne (de).
Larbalétrier.
Laulanié.
Laveran.
Le Damany.
Le Dantec.
Lesage.
Letulle.
Levaditi.
L'Hote.
Loubié (H.).
Loverdo (J. de).
Magnan.
Malpeaux.
Marie (A.).
Martin (Odilon).
Mathieu (A.).
Maurange (G.).
Mégnin (P.).
Ménétrier.
Merklen.
Meunier (Stanislas).
Meunier (Victor).

MM.
Monod.
Moussous.
Neuville (H.).
Nocard.
Nicloux.
Olivier (Ad.).
Ollier.
Pactet.
Patel.
Paviot.
Plumandon.
Polin.
Porcherel.
Ravaz.
Reclus.
Rist (Ed.).
Robert-Simon.
Rocaz.
Roché (G.).
Roger (H.).
Romme.
Roux (Eug.).
Roux (J.-Ch.).
Schlœsing fils.
Séglas.
Seilhac.
Sergent (Edmond).
Sergent (Emile).
Sergent (Etienne).
Sérieux.
Seurat.
Simon-Auteroche.
Sicard.
Springer.
Thoulet (J.).
Trémolières.
Tripier.
Trouessart.
Trousseau.
Vanverts (J.).
Vaschide (N.).
Vinay.
Vires.
Vouzelle.
Vurpas (Cl.).
Weill Mantou (J.).
Weiss (G.).
Wurtz.

ENCYCLOPÉDIE SCIENTIFIQUE

DES

AIDE-MÉMOIRE

PUBLIÉE

SOUS LA DIRECTION DE M. LÉAUTE, MEMBRE DE L'INSTITUT

Ce volume est une publication de l'Encyclopédie scientifique des Aide-Mémoire : L. ISLER, Secrétaire Général, 20, boulevard de Courcelles, Paris.

N° 88bis A_4.

ENCYCLOPÉDIE SCIENTIFIQUE DES AIDE-MÉMOIRE

PUBLIÉE SOUS LA DIRECTION

DE M. LÉAUTÉ, MEMBRE DE L'INSTITUT.

EXAMEN ET SÉMIOTIQUE DU CŒUR

LE RYTHME DU CŒUR A L'ÉTAT NORMAL ET PATHOLOGIQUE

PAR LES Drs

PIERRE MERKLEN
Médecin de l'Hôpital Laënnec

JEAN HEITZ
Ancien Interne des Hôpitaux

QUATRIÈME ÉDITION

entièrement refondue

PARIS

MASSON ET Cie, ÉDITEURS,
LIBRAIRES DE L'ACADÉMIE DE MÉDECINE
Boulevard Saint-Germain, 120

GAUTHIER-VILLARS,
IMPRIMEUR-ÉDITEUR
Quai des Grands-Augustins, 55

OUVRAGES DES AUTEURS PARUS
DANS LA COLLECTION DE L'ENCYCLOPÉDIE

Examen et Sémiotique du Cœur :

I. Méthodes d'examen du Cœur.

II. Le rythme du Cœur à l'état normal et pathologique.

CHAPITRE PREMIER

LE RYTHME NORMAL DU CŒUR

Nous avons exposé, dans la première partie de cet ouvrage, ce qu'il faut entendre par le rythme normal du cœur, et comment se succède, à intervalles réguliers, 70 à 80 fois par minute, une série de phénomènes dont l'ensemble constitue la révolution cardiaque.

Si l'on examine, mis à découvert, le cœur d'un animal vivant, on constate que chacune de ces révolutions comprend trois phases :

La *systole* ou *contraction des oreillettes* ;

La *systole des ventricules* qui suit la précédente d'environ 1/5 de seconde ;

Le repos général ou *diastole* de l'organe.

Pendant cette diastole, le sang qui arrive des veines caves et des veines pulmonaires se déverse sans interruption dans les oreillettes et jusque dans les ventricules à travers les orifices mitral et tricuspide. La systole des oreillettes complète la réplétion ventriculaire que suit presque aussitôt l'expulsion du sang dans l'aorte et l'artère pulmonaire.

Chez le sujet normal, la durée des révolutions cardiaques successives est la même à quelques centièmes de seconde près (Barr).

Du moins en est-il ainsi tant que le cœur est au repos, car tout mouvement un peu énergique, toute émotion vive accélère tout de suite le rythme d'une manière variable selon les sujets. De nombreux actes physiologiques (mouvements respiratoires, déglutition) peuvent également agir sur la durée de la révolution du cœur, en avançant ou en reculant (aux dépens du repos diastolique) la systole de l'oreillette, par une influence exercée sur la région du cœur qui est le point de départ de cette contraction.

Du lieu d'origine de la révolution cardiaque. — On sait, depuis Volkmann, qu'une ligature placée sur le cœur de la grenouille, un peu au-dessous du sillon auriculo-ventriculaire, arrête les battements de la pointe tout en laissant subsister ceux des oreillettes. Le même fait a été noté chez les mammifères, et Tigerstedt a montré que les ventricules persistaient à battre lorsqu'on disposait la ligature de manière à laisser une partie plus ou moins grande des oreillettes en relation avec les ventricules.

Il a été prouvé, d'autre part, que l'oreillette droite, après la mort de l'animal, répondait encore aux excitations qui lui étaient portées, alors que toutes les autres parties du cœur étaient déjà devenues inexcitables.

Le lieu d'origine de la révolution cardiaque doit donc se trouver en un point des parois de l'oreillette droite, comme l'embryologie le fait aisément comprendre.

On sait que, chez le fœtus, le tube cardiaque primitif se forme, du côté caudal, par l'union des deux veines caves en une cavité commune (*sinus veineux*). C'est au niveau de ce sinus que l'on voit commencer les contractions rythmées qui parcourent toute l'étendue du tube cardiaque. Dans la suite du développement, les parties antérieures formeront, par une double courbure et par sectionnement longitudinal, les oreillettes, les ventricules et le bulbe artériel. Quant au sinus veineux, il perdra son indépendance, s'incorporant, pour une part, dans les parties terminales des veines caves et, pour l'autre, dans la musculature de l'oreillette droite.

Or, c'est à ce niveau que Keith et Flack ont décrit, en 1907, un nodule de la grosseur d'un grain de blé, encerclant plus ou moins l'embouchure de la veine cave supérieure, qu'ils considèrent en raison de sa structure comme un reste du sinus primitif, et aussi comme le point de départ probable de la contraction cardiaque. Histologiquement, le nœud de Keith et Flack, ou *nœud sino-auriculaire*, est formé de cellules musculaires ramifiées, à peine striées, multinucléées, entremêlées de nombreux ganglions et filets nerveux. Ces cellules musculaires se continuent d'un côté avec les fibres striées de la veine cave supérieure, de l'autre, avec les fibres du myocarde auriculaire.

La description de Keith et Flack a été confirmée par Thorel, et récemment complétée sur quelques points par Al. Gibson, par Keith et Ivy Mackenzie. En Allemagne, Hering, Aschow admettent avec les auteurs précédents que le nœud sino-auriculaire est bien le lieu d'origine de la révolution cardiaque (1).

Marche de la révolution cardiaque dans le cœur. — Chez la grenouille, il s'écoule environ 4/100 de seconde entre la contraction du sinus et celle de l'oreillette droite. De plus, la contraction ne se transmet de cette dernière à l'oreillette gauche qu'avec un retard de 3/100 de seconde (Fredericq).

La systole ventriculaire suit après un délai un peu plus marqué (environ 10/100 de seconde), mais, jusqu'à ces dernières années, nous ignorions comment l'impulsion auriculaire se transmettait aux ventricules.

Ce furent Kent, et surtout His junior (1893),

---

(1) W. Koch aurait cependant constaté que l'*ultimum moriens* du cœur siège à l'embouchure de la veine coronaire et, d'autre part, Leontowitch a cru voir que les diverses parties de l'oreillette droite se contractaient simultanément. De nouvelles recherches apparaissent donc comme désirables, pour fixer d'une façon certaine le point où débute la contraction auriculaire chez l'adulte.

qui démontrèrent l'existence, chez les mammifères, des fibres de passage auriculo-ventriculaires que Gaskell avait déjà décrites chez la tortue. His fit voir que les contractions auriculaires se transmettaient encore aux ventricules alors que toutes communications avaient été supprimées entre ces deux portions du cœur, à l'exception du petit faisceau musculaire qui a gardé son nom. His montra aussi que la section de ce faisceau au voisinage du corps fibreux central rendait le rythme des ventricules tout à fait différent de celui des oreillettes.

La description de His a été complétée par Humblet (1904), Aschow et Tawara (1906). Nous savons maintenant que le *faisceau de His* commence dans l'oreillette droite, non loin du sinus coronaire, par des fibres fines qui se continuent avec celles des deux oreillettes, mais sans qu'il y ait de connexion directe entre elles et le nœud sino-auriculaire (Keith et Ivy Mackenzie). Le faisceau de His se dirige en avant dans la cloison inter-auriculaire, sous le foramen ovale, jusqu'au-dessus de l'origine de la valve tricuspidienne médiane : là il s'épaissit pour former le *nœud de Tawara* constitué, comme le nœud de Keith et Flack, par des fibres musculaires plexiformes, entremêlées de ganglions et de fibres nerveuses (Tawara).

A la sortie de ce renflement, le faisceau de His traverse le corps fibreux central, accompagné d'une artériole, branche de la coronaire, et pénètre dans le septum interventriculaire : sur les coupes transversales, il apparaît comme un îlot ovalaire, entouré d'une gangue conjonctivo-lymphatique. Ses fibres sont reconnaissables à leur étroitesse, à leur différenciation fibrillaire imparfaite, au grand nombre de leurs noyaux, à la présence enfin d'un sarcolemme. Elles sont mélangées à d'abondants filets nerveux.

Le faisceau de His ne tarde pas à se diviser en deux branches qui peuvent être suivies dans la cloison interventriculaire jusqu'à son tiers inférieur, la branche gauche sensiblement plus forte que la droite. Toutes deux se ramifient en un grand nombre de fibres qui, sur des coupes sériées, se continuent directement (Tawara) avec ces *fibres de Purkinje* signalées sous l'endocarde il y a plus de 40 ans, et dont on n'avait pu jusqu'ici établir le rôle physiologique.

Nous savons maintenant que certaines des fibres de Purkinje se rendent aux piliers, et que les autres, parvenues au voisinage de la pointe, se réfléchissent pour se distribuer à toutes les parties du myocarde, dans les profondeurs duquel Marceau les a récemment signalées.

Comme nous le verrons, les fibres de Purkinje servent à propager la contraction dans toute l'étendue des ventricules, et comme celles qui aboutissent aux piliers sont de beaucoup les plus courtes, on comprend que la contraction des muscles papillaires précède de quelques centièmes de seconde celle de l'ensemble du ventricule (Hering, Saltzmann).

Le faisceau de His n'existe pas chez les vertébrés inférieurs, où il est remplacé par des fibres issues du nœud de Tawara, et qui pénètrent les ventricules, en plusieurs points, à la face profonde de l'endocarde. Ces connexions accessoires existent à côté du faisceau de His chez l'échidné, mais, chez les autres mammifères, le faisceau de His est la seule voie qui conduise la contraction des oreillettes jusqu'aux ventricules [1].

DES PROPRIÉTÉS FONDAMENTALES DU MYOCARDE

La succession régulière des systoles auriculaires et ventriculaires continue à se produire, au moins pendant un certain temps, sur le cœur extrait du corps de l'animal, si l'on a la

---

(1) Les faits contraires publiés par Paukul, après expériences poursuivies au laboratoire de Kronecker, n'ont pu être vérifiés par aucun des expérimentateurs qui ont depuis repris la question. Les belles expériences récentes d'Erlanger et Blackmann (1909) montrent d'une façon indubitable que la destruction *complète* du faisceau de His chez le chien rend *toujours* les contractions des ventricules définitivement indépendantes de celles des oreillettes.

précaution d'y assurer par une circulation artificielle l'humidité et la nutrition nécessaires.

C'est cette propriété que l'on a désignée sous le nom d'*automatisme* du cœur. Haller croyait que le cœur possédait en lui-même la cause de son mouvement. Après les découvertes de Remak, Ludwig et Bidder, on admit généralement que le cœur continuait à battre, malgré sa séparation d'avec l'organisme, par l'action des ganglions nerveux contenus dans ses parois. Toute ligature pratiquée au-dessous du sillon auriculo-ventriculaire arrêtait, en effet, les battements de la pointe, et l'on croyait jusqu'à ces dernières années que la pointe du cœur ne renfermait pas de cellules nerveuses.

A cette théorie *neurogène* de la contraction cardiaque, s'opposa, dès 1883, la théorie *myogène*, selon laquelle le fonctionnement du cœur était dû à l'activité propre du myocarde. Gaskell et surtout Engelmann s'attachèrent par des expériences sans cesse renouvelées à démontrer :

1° Que le myocarde peut créer lui-même l'excitation nécessaire à sa contraction (*pouvoir d'automaticité*) ;

2° Qu'il réagit à l'excitation (*pouvoir d'excitabilité*) ;

3° Que cette réaction se traduit par un changement de forme (*pouvoir de contractilité*) ;

4° Que le myocarde conduit l'excitation d'un

point à un autre (*pouvoir de conductibilité*);

5° Qu'il garde toujours un certain tonus, pendant la diastole (*pouvoir de tonicité*).

Engelmann pensait d'abord que ces diverses propriétés étaient également distribuées dans tout le myocarde, mais la plupart des myogénistes sont actuellement d'avis que les restes du tissu primitif en ont gardé certaines à un plus haut degré que la masse du myocarde, cette dernière étant par contre dotée de propriétés qui lui sont en partie spéciales.

1° L'*automaticité* est la propriété qu'auraient les fibres musculaires d'accumuler à leur intérieur certaines substances chimiques capables d'en provoquer la contraction. Cette dernière détruirait ou mettrait en liberté le stock qui se reformerait pendant la pause diastolique. Dans les conditions normales, cette propriété serait limitée aux restes du sinus incorporés dans l'oreillette droite.

2° L'*excitabilité* du myocarde se mesure à l'intensité d'excitation nécessaire pour provoquer une contraction. Elle peut être mise en évidence, expérimentalement, par la chaleur, les contacts mécaniques, certaines substances chimiques, les courants induits ou continus.

Une excitation unique et brève sur la pointe isolée détermine une contraction brusque, une *secousse*, laquelle diffère de celle des autres muscles striés en ce qu'elle est un peu plus longue et que le temps perdu est plus considérable. De plus, il est impossible de provoquer, même par des excitations répétées, la tétanisation du myocarde, ce qui tient à la manière d'être que Marey a décrite sous le nom d'*inexcitabilité périodique du myocarde.*

Lorsqu'on excite électriquement le cœur de la grenouille battant rythmiquement, on voit que l'excitation reste parfois inefficace, tandis qu'à d'autres moments, elle provoque une contraction surajoutée, une *extrasystole.* Marey a su voir que l'excitation était toujours sans effet lorsqu'elle atteignait le cœur pendant la première moitié de la systole, mais qu'elle provoquait toujours l'extrasystole pendant la seconde moitié de la systole ou pendant le repos diastolique.

La raison en est que l'excitabilité disparaît dès le début de la contraction et qu'elle ne se refait qu'avec une certaine lenteur. La période pendant laquelle les excitations du myocarde restent inefficaces est dite *période réfractaire.*

La loi d'inexcitabilité périodique s'applique non seulement à la grenouille, mais aussi au cœur des mammifères (Gley), avec cette seule particularité que la période réfractaire y est sensiblement plus courte.

L'apparition d'extrasystoles chez l'individu vivant indique que les régions du myocarde où naissent ces extrasystoles sont en état d'hyperexcitabilité.

D'autre part, l'excitation d'un point du myocarde auriculaire ou ventriculaire ne termine qu'une extrasystole isolée, tandis que la piqûre du faisceau de His provoque une série d'extrasystoles (Kronecker, Hering et Rihl) : on en a conclu que l'excitabilité de ce faisceau était particulièrement développée. Il ne faut pas oublier cependant que la piqûre ne peut être sans intéresser les filets nerveux qui existent en cette région.

3° La *contractilité* est développée surtout dans les parois ventriculaires de manière à assurer le maintien de la circulation artérielle. Elle se manifeste dès que l'excitation est suffisante pour mettre en jeu l'excitabilité du myocarde, lequel se contracte alors avec le maximum d'énergie dont il est capable : aussi n'existe-t-il aucun rapport entre l'intensité de l'excitation et la force de la contraction (loi du *tout ou rien*).

La contractilité s'abolit dès la contraction exécutée. Aussi peut-il arriver, lorsque le temps écoulé depuis la dernière systole est trop court, que la contractilité ne soit pas revenue à la normale : la nouvelle systole ne se fait alors qu'avec une énergie diminuée.

4° La notion de *conductibilité* s'accorde bien avec ce que nous savons de la structure du myocarde, véritable *syncytium*, cellule unique à noyaux multiples (Mollard). On comprend qu'une excitation portée sur un point quelconque de cette masse puisse se propager dans tous les sens le long des fibrilles partout continues.

La conductibilité est donc une propriété de tout le myocarde, mais la vitesse de conduction de l'onde, assez rapide dans les parois auriculaires ou ventriculaires, est, au contraire, très ralentie au niveau des fibres du faisceau de His.

5° La *tonicité* du myocarde s'oppose à la dilatation des cavités cardiaques. Lorsque la tonicité diminue et que le cœur se dilate, il en résulte une augmentation de l'excitabilité, de la contractilité et de la conductibilité (Gossage). L'augmentation de la tonicité s'accompagne d'effets absolument contraires.

Les propriétés du myocarde sont donc loin d'être immuables : elles augmentent ou diminuent sans cesse sous maintes influences, en particulier par l'action des nerfs extrinsèques et intrinsèques du cœur.

RÔLE DU SYSTÈME NERVEUX EXTRACARDIAQUE

Nous avons vu que le cœur isolé, muni d'une circulation artificielle, continue à battre des heures entières. On a pu de même maintenir la fonction du cœur chez l'animal vivant après la section des deux pneumogastriques : après une phase transitoire d'accélération (15 à 90 jours selon l'âge), le rythme retombe à la normale (Tchechkow).

Friedenthal a même réussi à éliminer l'action de tous les nerfs extracardiaques chez le chien, par la résection bilatérale des vagues et des ganglions sympathiques cervicaux. L'animal survécut quelques mois, avec un pouls instable et une faculté de travail extrêmement diminuée. Ajoutons que la section des vagues ne produit pas de lésions du myocarde, et que, pratiquée chez l'animal jeune, elle n'empêche pas le développement du cœur (Mollard et Rigaud).

Les nerfs extrinsèques n'apparaissent donc pas comme nécessaires pour le maintien du rythme cardiaque. Les enseignements de l'anatomie pathologique viennent d'ailleurs confirmer sur ce point ceux de l'expérimentation : chez onze tabétiques sur douze, J. Heitz a rencontré des lésions importantes du plexus cardiaque (disparition de 50 % environ des fibres à myéline), alors que les fonctions et le rythme du cœur n'avaient présenté de perturbation importante chez aucun de ces sujets.

On pensait autrefois que la fonction du pneumogastrique et du sympathique était de ralentir ou d'accélérer le rythme, mais leur rôle apparaît aujourd'hui comme infiniment plus complexe. On admet, depuis les travaux d'Engelmann, que ces nerfs modifient incessamment, d'une manière *positive* ou *négative*, les propriétés fondamentales du myocarde : il y aurait, suivant une terminologie actuellement classique :

Des influences *chronotropes*, qui se manifestent sur l'automaticité ;

Des influences *bathmotropes*, sur l'excitabilité ;

Des influences *inotropes*, sur la contractilité ;

Des influences *dromotropes*, sur la conductibilité ;

Il doit exister, vraisemblablement, une influence des nerfs sur la tonicité.

Action du pneumogastrique. — L'excitation du bout périphérique du vague préalablement sectionné ralentit le cœur, mais ce ralentissement n'est que la résultante de plusieurs actions qui ont été bien séparées au cours de ces dernières années.

L'automaticité est modifiée, en ce sens que la contraction du sinus revient à des intervalles plus éloignés (Erlanger).

Il y a diminution de l'excitabiiité, se traduisant par une moindre faculté d'obtention des extrasystoles.

La contractilité serait diminuée, si l'on en juge par la chute de la pression artérielle. Roy et Adami, Lewis, doutent toutefois d'une action directe du vague sur la force des contractions ventriculaires.

La conductibilité est nettement diminuée, comme le montre le temps plus considérable mis par la contraction à parcourir le tube cardiaque. Rehfisch a signalé un ralentissement du passage sino-auriculaire. Plus marqué encore est le ralentissement qui se manifeste au niveau du faisceau de His : le passage peut même se trouver bloqué, comme lors des compressions expérimentales de ce faisceau, et une systole ventriculaire sur deux ou sur trois manquera à répondre à l'oreillette. Il en résultera une absence intermittente du pouls malgré la persistance de systoles auriculaires régulières. Ce fait capital, signalé par Chauveau en 1885, puis par Arloing, a été récemment confirmé par Muskens.

Le ralentissement du pouls qui suit l'excitation du vague tient donc à la fois à l'espacement des excitations et aux manques plus ou moins réguliers de la systole ventriculaire. Mais il n'est pas possible d'obtenir un ralentissement permanent, même si l'on prolonge l'excitation du vague : on voit bientôt se produire une accélération secondaire, d'abord de l'oreillette, puis du ventricule (Hering, Erlanger).

La suppression de l'action des vagues détermine, comme on sait, une accélération du cœur. L'atropine, qui paralyse les extrémités du pneumogastrique, accélère à 130-140 les oreillettes et les ventricules. Cette action dure à peine quelques heures, mais si l'on sectionne les vagues, ou si les nerfs sont détruits par un processus pathologique, le pouls passe à 150 et s'y maintient d'une manière habituelle, au moins pendant quelques semaines.

Nous verrons que les arythmies d'origine pneumogastrique se rencontrent en clinique avec une très grande fréquence, et que le diagnostic différentiel de ces troubles et de ceux liés à une lésion myocardique ne laisse pas que d'être souvent assez difficile.

Action du sympathique. — Son excitation accélère à la fois le rythme des oreillettes et des ventricules. Hering a vu qu'en pareil cas l'action de l'oreillette était renforcée sans que la force des battements ventriculaires en fût en rien modifiée. Il put constater aussi que le cœur, immobile, pouvait être mis en mouvement par l'excitation du sympathique. Par contre, la résection des sympathiques n'amène qu'un ralentissement léger et souvent même pas de ralentissement du tout.

Nous ignorons l'influence qu'exerce le sympathique sur l'excitabilité et la conductibilité du cœur.

RÔLE DU SYSTÈME NERVEUX INTRACARDIAQUE

L'histologie a montré que le système nerveux intracardiaque n'était pas limité aux seuls ganglions décrits par Remak, Ludwig et Bidder. On sait actuellement que le cœur des mammifères est pourvu de cellules ganglionnaires dans toute son étendue.

Plus abondantes au niveau des oreillettes, ces cellules se retrouvent dans les ventricules le long des coronaires, mais aussi dans les profondeurs du muscle, et jusqu'au niveau de la pointe. Leurs fibres qui en sortent se subdivisent jusqu'à former un filet serré autour de chaque faisceau musculaire, avec lequel elles se mettent en contact par des ramifications libres.

On peut envisager trois ordres de fonctions du plexus intracardiaque : Est-il le point de départ de la contraction du cœur ? Joue-t-il un rôle dans la conduction de cette contraction à travers le cœur ? Quels sont ses rapports enfin avec les centres bulbo-médullaires ?

De la cause de la contraction cardiaque. — Est-elle provoquée par les cellules ganglionnaires du nœud de Keith et Flack ou des autres régions de l'oreillette droite ? Existe-t-il, au contraire, une automaticité du myocarde, ou du moins, des fibres à type embryonnaire dérivées du sinus primitif ?

Telle est la question qui, depuis trente ans, divise les deux écoles *neurogène* et *myogène*, et pour la solution de laquelle ont été accumulés de nombreux travaux qui ont, au total, considérablement avancé nos connaissances sur l'histologie et sur la physiologie du cœur.

Nombre d'arguments, qui tout d'abord paraissaient indiscutables, ont dû être successivement abandonnés de part et d'autre.

C'est ainsi que les myogénistes ne peuvent plus s'appuyer sur l'absence de cellules nerveuses dans le cœur de certains invertébrés, depuis que Hunter les a découvertes chez les Tuniciers (1902), et Dogiel, Pompilian, Marceau (1905), chez les mollusques.

Il n'est plus permis non plus de tirer argument des contractions obtenues de la pointe isolée, depuis que des cellules ganglionnaires ont été mises en évidence à ce niveau par Smirnow et par Validinsky (de Tomsk).

Reste encore le fait signalé par Prayer, en 1885, et depuis confirmé par His, à savoir que le cœur de l'embryon de poulet est animé de battements dès la 36e heure, alors que la différenciation du système nerveux n'a lieu que le sixième jour. Lorsque les cellules nerveuses bourgeonnées de l'axe nerveux central viennent à pénétrer le tube cardiaque, le fonctionnement de ce dernier ne s'en trouve en rien modifié. A quoi les neurogénistes répondent que l'axe nerveux a pu exercer à distance une certaine influence sur le myocarde primitif.

Mais ils s'appuient surtout sur les belles découvertes de Carlson (1905), qui a montré que le cœur d'un arthropode, la Limule, se prête admirablement, grâce à sa structure presque schématique, à la démonstration de l'origine nerveuse du rythme. Long de 10 à 15 centimètres, ce cœur tire ses nerfs de trois troncs longitudinaux appliqués à sa surface et qu'il est très facile de réséquer sans léser le myocarde.

Or Carlson a pu voir que ce cœur, isolé de l'organisme de la Limule, continuait à battre normalement, tant qu'on ne touchait pas aux trois cordons nerveux. Par contre, leur résection amenait la suppression définitive de ces contractions (1).

Ces faits, d'un intérêt considérable, ont incité certains auteurs à une théorie mixte. Engelmann pense que certaines cellules ganglionnaires intracardiaques pourraient exercer une influence motrice sur le myocarde : ce rôle, qui n'existait pas chez l'embryon, se serait ultérieurement transmis de la cellule musculaire à la cellule nerveuse immigrée.

Quant à la cause intime de la contraction cardiaque, elle devrait être cherchée dans des modifications chimiques survenant dans les cellules (musculaires ou nerveuses) de certaines régions de l'oreillette droite. Nous savons par Kronecker, en effet, que la contraction du cœur isolé ne peut se produire qu'avec l'aide de certains *excitants chimiques*.

Il est permis toutefois de penser que les variations régulières de la pression intracardiaque

(1) On trouvera l'exposé des travaux de Carlson et, en général, toute la documentation sur les théories neurogène et myogène dans la très belle étude de Mollard : *Les nerfs du cœur* (Masson, 1908).

constituent, elles aussi, une des causes d'entretien du rythme cardiaque. Dastre a montré que si l'on isole la pointe par une ligature (la circulation continuant à se faire à son intérieur par un dispositif spécial), on voit les battements de cette pointe reprendre lorsqu'on augmente brusquement la pression du sang à son intérieur. Rien de semblable ne se produit si l'on exerce la pression, même diffuse, sur la seule surface externe du cœur.

Rôle conducteur du plexus intracardiaque. — Engelmann a cru prouver que la conduction était un phénomène entièrement musculaire, en tailladant en zig-zag un ventricule de tortue, et en montrant qu'une onde de contraction s'y transmettait depuis la pointe jusqu'à la base avec la même facilité que dans le sens physiologique. Aisée et rapide dans la masse auriculaire ou ventriculaire, la conduction se ralentirait notablement au niveau des fibres de passage qui ont gardé la structure embryonnaire (faisceau de His).

Les neurogénistes opposent à l'expérience d'Engelmann ce fait histologique que le réseau nerveux est partout continu dans le myocarde, sa complexité lui permettant de propager l'excitation par les voies les plus compliquées. Quant à la lenteur de la conduction dans le faisceau de His, elle s'expliquerait par l'obstacle qu'apportent au passage de l'influx nerveux les nombreuses cellules ganglionnaires du nœud de Tawara. Carlson a montré, d'autre part, chez la Limule, que toute section d'un des cordons nerveux longitudinaux provoquait aussitôt un trouble dans la contraction des segments placés en avant de cette section. Il est intéressant de noter, par contre, qu'une section transversale du cœur de cette même Limule, n'empêche en rien les deux segments musculaires séparés de se contracter suivant un rythme parfaitement coordonné, si l'on a pris soin de respecter les nerfs longitudinaux.

Erlanger a cependant attiré l'attention sur ce fait que le faisceau de His, sectionné chez le chien, ne récupérait jamais ses fonctions, même si l'on gardait l'animal vivant une année entière. Or, si la conduction se faisait par les nerfs du faisceau, elle devrait réapparaître avec la régénération des fibres nerveuses, laquelle a lieu dans un délai certainement moindre qu'une année.

Rapports du plexus intracardiaque avec les centres bulbo-médullaires. — Une part importante des fonctions de ce plexus est de nature sensitive, ou plus exactement centripète :

Le réseau qui entoure les orifices auriculo-ventriculaires et surtout l'orifice aortique est le point de départ de la plupart des réflexes d'origine cardiaque : ainsi en est-il du réflexe dépresseur qui soulage le cœur par vaso-dilatation splanchnique et qui emprunte la voie des pneumogastriques (de Cyon). De ce réseau partent aussi les excitations centripètes qui, par voie sympathique (Fr.-Franck), atteignent les centres médullaires et s'y traduisent par les sensations douloureuses de l'angine de poitrine.

En sens inverse, le plexus intracardiaque a pour rôle de transmettre au myocarde les influences chronotrope, bathmotrope, etc., que lui communiquent les pneumogastriques et les sympathiques, comme l'indique le temps perdu considérable qui s'écoule lors de l'accomplissement de ces actions.

Quant à savoir si le plexus possède lui-même ces influences, c'est une question à laquelle il est actuellement impossible de répondre.

Nous ne sommes donc renseignés, en ce qui concerne les fonctions du plexus intracardiaque, que sur son rôle d'intermédiaire entre le myocarde et les nerfs extrinsèques. Nous ignorons s'il est la cause de l'automaticité du cœur et s'il conduit l'excitation d'un point à l'autre du myocarde. Mais il faut bien reconnaître, avec Vaquez, que ce sont là, pour le clinicien, des questions purement théoriques et dans lesquelles il n'a aucun intérêt à prendre parti. Peu nous importe que la conduction de l'oreillette au ventricule se fasse par voie musculaire ou par voie nerveuse à travers le faisceau de His, puisque nous savons, d'une façon certaine, que toute lésion de ce faisceau troublera la conduction.

Constatons seulement que les inventeurs et les propagateurs de la théorie myogène nous ont rendu un grand service en nous faisant connaître les principales localisations fonctionnelles du cœur. C'est grâce à eux que nous avons pu pénétrer la nature d'un certain nombre des troubles du rythme et tenter de les classifier d'une manière logique.

CHAPITRE II

—

MÉTHODES D'ÉTUDE DES TROUBLES DU RYTHME

MÉTHODE GRAPHIQUE

Il est impossible d'analyser la plupart des troubles du rythme sans les avoir préalablement fixés par l'inscription graphique. La vue est, en effet, incapable de saisir des mouvements qui, à chaque fraction de seconde, prennent une allure et une direction différentes. Inscrits au contraire sur le papier, en même temps que le temps en fractions de seconde, il devient possible de les étudier à tête reposée, à l'abri de toute illusion d'ordre imaginatif, et de déterminer la durée absolue de chacune de leurs périodes.

Les premières applications de la méthode graphique à la médecine datent de 1855, et leur historique est inséparable des grands noms de Marey et de Chauveau. En 1863, Marey publiait sa *Physiologie médicale de la circulation du sang* et les perfectionnements depuis lors apportés à la technique n'ont été que secondaires.

Aussi ne peut-on se défendre d'un certain étonnement à constater la lenteur des progrès réalisés jusqu'à ces dix dernières années.

Ce n'est que depuis 1902, date où James Mackenzie publia son livre : *Study of the Pulse*, que la pratique des tracés est entrée dans les mœurs médicales. L'analyse du pouls jugulaire et les intéressantes déductions cliniques qu'en tira Mackenzie sont à la base de la plupart des acquisitions récentes sur la question des arythmies. A l'heure actuelle, une observation de cœur arythmique n'est plus complète sans relevé graphique des mouvements du cœur, des artères et des jugulaires. Il faut, en effet, que les tracés soient multiples et pris simultanément, puisque les accidents de chacune des courbes servent de repère pour les autres courbes.

Est-ce à dire qu'en l'absence des tracés, il ne sera jamais possible de faire le diagnostic d'une arythmie ? Une réponse affirmative ne concorderait pas avec la vérité : il est bien des cas actuellement, où, instruits par les travaux graphiques de ces dernières années, nous pouvons, sans l'aide de tracés, affirmer le diagnostic avec une certaine précision. Mais la pratique des tracés constitue évidemment la condition nécessaire de tout progrès nouveau sur ce territoire touffu où, malgré les résultats acquis, tant de points restent encore inexplorés.

Instrumentation. — Ce furent des savants allemands qui, les premiers, appliquèrent à la médecine les appareils enregistreurs à indication continue, c'est-à-dire les cylindres mus par un mouvement d'horlogerie et sur lesquels s'enroulait une bande de papier glacé, enduit de noir de fumée. Vierordt (de Tübingen) eut l'idée féconde d'amplifier les mouvements enregistrés au moyen de *leviers*. Mais ses appareils étaient très imparfaits, et c'est à Marey que nous devons les modèles qui servent encore aujourd'hui pour les diverses inscriptions.

En face du cylindre rotateur, sur une tige horizontale, sont fixés autant de tambours enregistreurs qu'il y a de tracés à prendre. Sur chacun de ces tambours est tendu une toile caoutchoutée qui oscille à toute impulsion venue de l'explorateur radial, cardiaque ou jugulaire. Ces oscillations de la membrane sont enfin amplifiés par des leviers dont les pointes reposent sur la surface du cylindre.

La tige horizontale où reposent les tambours supporte aussi un chronographe (par exemple, celui de Jaquet), lequel peut marquer à volonté les secondes ou les 1/5 de seconde, fractionnement largement suffisant pour les besoins cliniques.

A l'étranger, on se sert surtout du polygraphe de J. Mackenzie qui a le grand avantage d'être portatif, mais qui ne permet de prendre que deux tracés à la fois. Le cardiosphygmographe de Jaquet est aussi un bon instrument.

D'ailleurs, ces divers enregistreurs ont des explorateurs à peu près identiques : tous donnent des tracés très comparables dans leurs formes et dans leurs indications.

Tracés radiaux. — Le sphygmographe le plus usité en France est celui de Marey : il repose sur ce principe que la plaque dont les mouvements se transmettent au levier est maintenue appliquée sur l'artère par un ressort à pression graduée au moyen d'une vis. La nécessité de cette pression a été montrée par l'expérience, car, en son absence, on n'obtient que des tracés trop réduits en dimension.

Or, la pression par un ressort, imaginée par Marey, laisse au levier toute sa sensibilité : à l'heure actuelle, les physiologistes considèrent toujours le sphygmographe de Marey comme supérieur à tous les modèles imaginés ultérieurement, et comme rendant l'image la plus fidèle de la pulsation artérielle (Grashney 1881, Weiss 1897).

Nous n'insisterons pas sur les caractères du tracé radial : ils sont universellement connus. La valeur que l'on doit attribuer aux variations des différentes phases a été très exagérée, bien qu'il ne faille pas cependant, tombant dans l'excès contraire, leur dénier toute valeur : c'est ainsi que l'examen du tracé radial ne permet pas d'évaluer la pression artérielle, ni même de dire si le malade est en hypertension ou en hypotension, mais il indique avec sûreté les variations de cette pression d'un moment à l'autre. Un des troubles les plus importants de l'action cardiaque (la diminution de la contractilité du myocarde) ne peut être reconnu que sur les tracés artériels : ceux-ci présentent, en pareil cas, le caractère du « pouls alternant », c'est-à-dire que les pulsations se succèdent alternativement hautes et basses, traduisant la succession d'ondées sanguines à haute et à faible pression.

Le sphygmographe permet aussi, dans beaucoup de cas, de savoir si les extrasystoles (contractions cardiaques prématurées dues à un trouble de l'excitabilité), influencent ou non la circulation périphérique : l'ondée artérielle, d'autant plus faible qu'elle est plus précoce, n'est perceptible au doigt qui palpe la radiale que dans un petit nombre de cas, alors que le tracé indiquera tout soulèvement des sygmoïdes aortiques.

Mais la principale utilité du tracé radial est de nous fournir, par le pied de la ligne d'ascension, *un repère sûr pour l'analyse des autres tracés*. Il est bon de savoir que ce pied retarde de 10/100 de seconde sur le soulèvement de la pointe, du cœur de 8/100 de seconde sur la pulsation carotidienne [1].

---

[1] Ce sont là à la vérité des valeurs moyennes, susceptibles d'assez notables variations individuelles (Fr.-

Le début de l'élévation dicrote mérite également une certaine attention, car il indique la fin de l'expulsion aortique et la chute des sigmoïdes.

Quant aux autres caractères du tracé, en particulier la hauteur ou l'inclinaison de la ligne d'ascension, on n'en peut tirer aucun enseignement utile : Vaquez a insisté avec juste raison sur la variabilité extrême de ces caractères qui dépendent presque toujours du mode d'application du récepteur. Gallevardin a montré qu'un accident que l'on voit avec une certaine fréquence sur la ligne d'ascension au voisinage du sommet (l'encoche anacrote), était due simplement à l'écrasement du sommet de la pulsation par la pression du ressort, et qu'il était aisé de le faire apparaître ou disparaître chez certains sujets en manœuvrant dans un sens ou dans l'autre la vis de cette pression.

Tracés de la pointe du cœur. — On les relève habituellement avec le *cardiographe* de Marey, sorte de cylindre métallique qui contient un tambour à air. La membrane élastique qui ferme ce tambour porte à son milieu un bouton que l'on applique sur la pointe du cœur et dont les oscillations se transmettent, par un tube de caoutchouc, jusqu'au levier inscripteur.

Nous préférons nous servir de la capsule ima-

Franck et Lian), mais que l'on peut cependant utiliser sans trop d'erreur pour la lecture des tracés.

ginée par Mackenzie pour prendre les tracés jugulaires, sorte d'entonnoir en aluminium très évasé, dont la concavité s'applique sur la région apexienne, et qu'on y maintient à la main avec une légère pression. Cettle capsule nous a paru plus commode à manier et donnant des tracés aussi précis que le cardiographe de Marey.

La plus grande difficulté consiste à placer le récepteur sur le siège même de cette pointe, laquelle correspond, non pas toujours au point d'impulsion maxima, mais au point le plus bas et le plus en dehors qui batte à la région précordiale. Plus en dedans, on risque de ne pas prendre le soulèvement de la pointe, mais bien la contraction du ventricule droit.

Le siège de la pointe est de plus très difficile à préciser chez les emphysémateux, les obèses, chez les femmes à grosses mamelles : toutes ces raisons font que bien peu de tracés de la pointe peuvent être comparés aux tracés que Chauveau et Marey ont obtenus chez le cheval en appliquant *directement le récepteur à la surface* du myocarde.

Aussi Potain était-il arrivé à cette opinion qu'on ne pouvait se servir du cardiogramme pour fixer le début de la systole, ce début n'ayant aucun rapport fixe, ni avec le pied de la ligne ascendante, ni avec le sommet, d'ailleurs difficile à préciser. En auscultant avec soin pendant cette inscription, Potain avait cru remarquer que le premier bruit pouvait être perçu à des moments très variables de la ligne ascendante, et il en avait conclu que cette ligne était constituée à la fois et successivement par la systole de l'oreillette et par celle du ventricule.

Il semble bien qu'il en soit ainsi pour la plupart des tracés pris, comme on le faisait autrefois, sur le malade assis ou couché sur le dos, car ces tracés sont presque toujours déformés. Mais il n'en est pas de même pour les tracés, très voisins des tracés expérimentaux, que nous pouvons actuellement obtenir par la méthode de Pachon [1].

Cet auteur a eu le mérite de montrer que le tracé de la pointe *pris dans le décubitus latéral gauche* était comparable aux tracés expérimentaux. La raison en est sans doute que le cœur, dans cette position, se trouve appliqué contre la paroi par son poids et par celui des poumons, et qu'il transmet ainsi *directement à cette paroi tout le soulèvement systolique.* Dans ces conditions, on peut admettre que la contraction de l'oreillette est terminée au moment où débute la ligne ascendante, et que le pied de cette dernière correspond bien au début de la systole ventriculaire.

C'est aussi l'opinion de J. Mackenzie et de

(1) Volume jubilaire de Pavlow, in *Arch. des Sc. biolog.* de Saint-Pétersbourg, 1904.

J. Hay, qui distinguent, dans le tracé de la pointe, quatre phases successives (*fig.* 1).

La *ligne d'ascension*, qui se termine à l'ouverture des valvules sigmoïdes ;

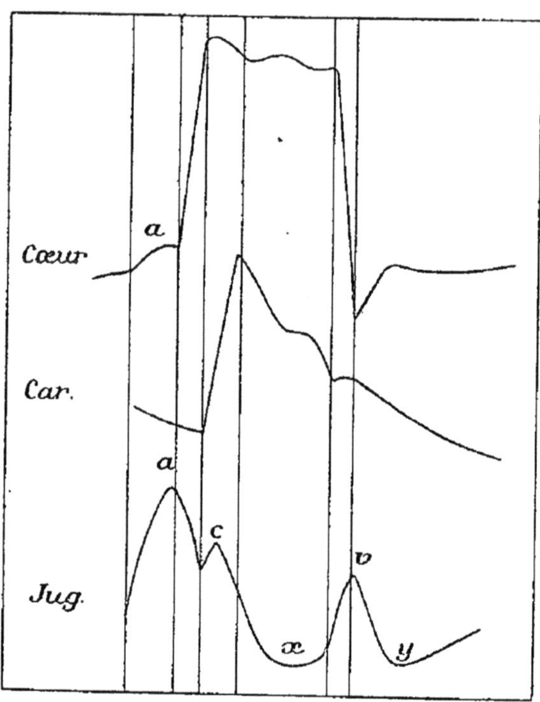

Fig. 1. — Schéma montrant les différentes phases des tracés de la pointe du cœur, de la carotide et de la jugulaire chez l'homme. Notez, sur le tracé de la pointe, l'onde *a* correspondant à la contraction auriculaire, et sur le tracé jugulaire les rapports de l'onde *v* avec le dicrotisme artériel (d'après J. Hay).

Le *plateau*, qui correspond à la période d'expulsion, et se termine à la fermeture des sigmoïdes aortiques ;

La *ligne de descente*, dont le point le plus bas indique l'ouverture de la valvule mitrale ;

Une *ligne horizontale* ou *légèrement ascendante*, qui correspond à la fin de la diastole. On y remarque parfois, un peu avant le pied de la ligne d'ascension, une petite ondulation qui représente la contraction auriculaire.

Or ces diverses phases se remarquent nettement sur la plupart des tracés obtenus dans le décubitus latéral gauche, à moins que la paroi ne soit trop épaisse, ou les poumons très emphysémateux.

Il faut savoir aussi que, dans les grandes dilatations cardiaques, le ventricule droit vient se placer en avant de la pointe. Dans ces conditions, on n'obtient jamais, comme l'a montré Mackenzie, qu'un *cardiogramme inverti* : l'élévation systolique est remplacée par une dépression, comme lorsqu'on place le récepteur en dedans de la pointe, sur la face antérieure du cœur.

Le cardiogramme reste donc, somme toute, inférieur au sphygmogramme pour repérer le début exact de la systole cardiaque. Il est cependant indispensable pour nous éclairer sur certains caractères de cette systole, et pour enregistrer les extrasystoles trop faibles pour influencer le pouls radial.

Tracés jugulaires. — Étudiés d'abord par Potain qui montra la signification des principales ondulations (Soc. méd. Hôp., 1867), puis par Mackenzie, Cushny, Gerhardt, Wenckeback,

Bard, les tracés jugulaires nous sont actuellement bien connus dans tous leurs détails, et leur lecture nous renseigne sur tout ce qui se passe dans l'oreillette droite. Comme le pouls artériel ou les tracés de la pointe nous renseignent, d'autre part, sur le fonctionnement du ventricule gauche, nous pouvons juger, en nous appuyant sur ces tracés pris simultanément, de la liaison ou de la dissociation qui existe entre la systole auriculaire et celle des ventricules.

On recueille le pouls jugulaire avec un entonnoir en verre ou la capsule de Mackenzie, sur le trajet de la veine jugulaire interne du côté droit, c'est-à-dire *entre les deux chefs du sterno-cléïdo-mastoïdien*, à 15 millimètres en dehors de l'extrémité sternale de la clavicule. Le malade est placé en position demi-couchée, les muscles du cou relâchés, retenant sa respiration pour éviter les trop grandes oscillations. La capsule est maintenue à la main, avec une pression qui ne doit pas être trop forte si l'on ne veut pas écraser la veine et enregistrer seulement les pulsations de la carotide plus profonde.

Avec un peu d'habitude, on obtient presque toujours un tracé utilisable, même chez les sujets qui ne présentent aucun battement des veines superficielles appréciable à la vue. On échoue parfois chez les emphysémateux obèses ou chez les malades trop dyspnéiques.

Le tracé jugulaire présente, pour chaque révolution cardiaque, trois ondulations qui ont été bien décrites par J. Mackenzie :

L'*ondulation a* (*fig.* 2) correspond à la systole de l'oreillette et au reflux qu'elle provoque dans la veine cave supérieure. Elle est exagérée

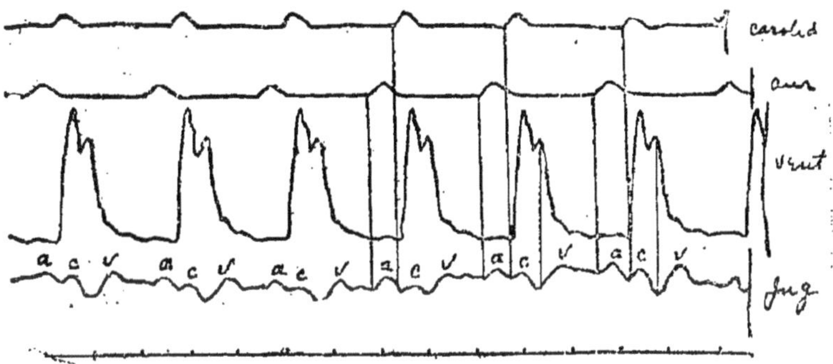

Fig. 2. — Tracés simultanés de la carotide, des oreillettes, des ventricules et de la jugulaire chez un chien (d'après Cushny) : notez les rapports des ondulations *a* et *c* des tracés jugulaires avec celles des autres tracés.

dans le rétrécissement mitral, et surtout tricuspidien (Mackenzie, Wenckeback).

L'*ondulation c*, qui la suit normalement d'un 5e de seconde, coïncide avec le pouls carotidien. Elle précède donc le pouls radial d'environ 8/100 de seconde. Mackenzie avait pensé d'abord qu'elle était due à l'influence exercée sur la jugulaire par l'expansion artérielle, mais elle paraît causée par le refoulement des valves tricuspides vers l'oreillette au moment de la systole du ventricule droit : l'onde *c* persiste, en effet, si l'on écarte l'artère (Bard), et on la retrouve sur les tracés de la veine cave inférieure (Fredericq).

L'*ondulation v*, quelquefois bifide, est due à la stase qui se produit dans la jugulaire pendant la réplétion de l'oreillette. Elle augmente et apparaît plus précoce sous l'influence des causes qui augmentent la stase dans cette cavité, et son sommet coïncide exactement avec l'ouverture de la valvule tricuspide (Hering, Mackenzie), c'est-à-dire avec le passage du sang dans le ventricule. Ce même sommet coïncide également, et c'est là un repère précieux pour l'analyse de certains tracés, avec le début de l'onde dicrote du tracé radial.

Entre *a* et *v* se creuse une large dépression, coupée dans son milieu par *c* : on la désigne par la lettre *x*. Une seconde dépression suit *v* et la sépare de *a* : on la désigne en *y*, et elle est due au vide qui se produit dans les veines caves pendant que s'emplit le ventricule en diastole.

Pour s'orienter sur un tracé jugulaire, le meilleur procédé consisteà s'aider d'un tracé radial simultané. Il est nécessaire qu'avant de détacher la feuille du cylindre, on y ait marqué, au moyen des deux leviers, des repères simultanés sur différents points des deux courbes. Il est non moins nécessaire d'y avoir inscrit le temps en 1/5 de seconde.

On recherchera le pied d'une des lignes d'ascension du tracé radial, et grâce à ce point de repère, on trouvera aisément l'ondulation *c* correspondante du tracé jugulaire. Il faut se souvenir que cette dernière doit être inscrite 8/100 de seconde environ avant le pied de l'ascension radiale.

Ce point une fois fixé, l'ondulation qui précède *c* est évidemment *a* : dans les conditions normales, elle doit précéder *c* de 1/5 de seconde. Quant à l'ondulation qui suit *c*, elle ne peut être autre chose que *v* et il est d'ailleurs aisé de constater si elle est synchrone du début de l'onde dicrote radiale (*fig.* 1 et 2).

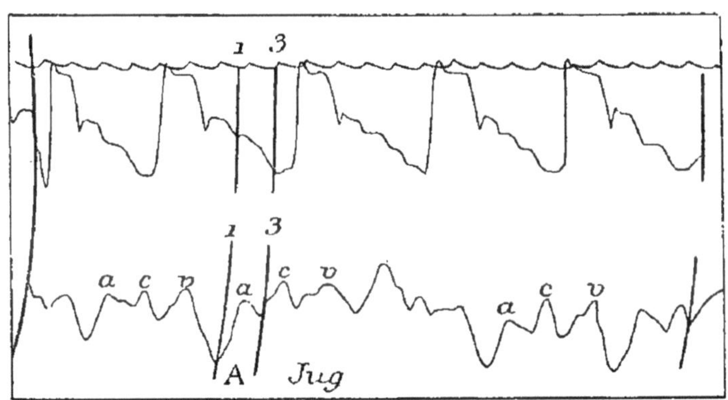

Fig. 3. — Tracés simultanés de la radiale (en haut) et de la jugulaire (en bas) : allongement de l'espace *a-c*, qui mesure 3/10 de seconde au lieu de la normale 2/10. Le temps est noté en 1/5 de seconde (d'après Mackenzie).

Il faut enfin toujours mesurer d'une manière précise l'intervalle *a-c*, car son allongement est pathognomonique d'une gêne apportée à la conduction dans le faisceau de His (*fig.* 3).

A l'état normal, le tracé jugulaire a son élévation maxima un peu avant l'élévation du tracé radial, d'où le nom de *pouls veineux négatif* donné parfois au pouls jugulaire physiologique. Dans certaines circonstances pathologiques, l'onde *a* disparaît du tracé jugulaire,

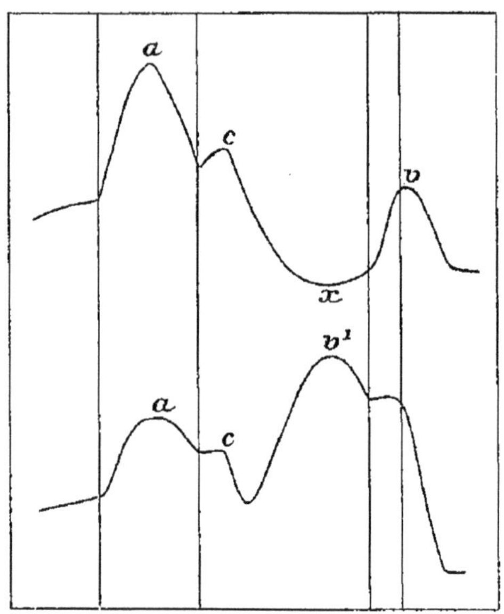

Fig. 4. — En haut, schéma du *pouls veineux normal* ou *négatif* ; en bas, schéma du pouls veineux dans l'insuffisance tricuspide, ou *pouls veineux positif* (d'après J. Hay).

en général par suite de la paralysie de l'oreillette droite : *c* et *v* persistent alors seules. En pareil cas, la plus forte élévation devient synchrone du pouls radial, et l'on dit que le *pouls veineux* est *positif* ou pathologique.

Le pouls veineux positif ne correspond donc pas forcément, comme on le croyait autrefois, à une insuffisance tricuspidienne. Cette dernière, lorsqu'elle est modérée, ne modifie même pas sensiblement le tracé jugulaire (Mackenzie, Bard). Ce n'est qu'à partir d'un certain degré qu'elle détermine une élévation progressive et prématurée de v qui augmente aux dépens de la dépression x. Elle finit même par absorber c. Il est fréquent, à cette période, que l'oreillette se paralyse, et la disparition de a ne laissera plus persister qu'une seule grosse ondulation v' (*fig.* 4), et une seule dépression y (1).

Tracés œsophagiens. — Les tracés jugulaires ne nous renseignent que sur les mouvements de l'oreillette droite. Fredericq et Seroba ont eu l'idée, en 1887, de recueillir les mouvements de l'oreillette gauche par une sonde introduite dans l'œsophage. Celui-ci est, en effet, en rapport avec l'oreillette gauche sur une longueur de 6 centimètres et ne s'en sépare qu'à 2 centimètres au-dessus du diaphragme.

Cette tentative fut reprise en 1906 par Minkowski et Rautenberg, puis par Hewlett, Pace, Lian, Clerc et Esmein. Les sujets soumis à

(1) L'insuffisance tricuspidienne se caractérise encore, lorsqu'elle est assez prononcée, par l'apparition d'un *pouls hépatique*. Ce dernier est aisé à inscrire en s'aidant d'un récepteur allongé qu'on place parallèlement au bord inférieur du foie. Ce tracé comporte habituellement une seule onde v très nette. L'onde a est exceptionnelle, et doit faire penser à une exagération de la systole auriculaire due, par exemple, à un rétrécissement tricuspidien. Mackenzie en a constaté quelques exemples qu'il a pu vérifier ultérieurement à l'autopsie.

cette exploration ont besoin, comme on le peut penser, d'une certaine préparation. Ils la supportent cependant assez bien, même les porteurs de lésions cardiaques, à la condition que l'asystolie ne soit pas trop avancée.

La systole de l'oreillette se manifeste sur le tracé par une ondulation négative selon Fredericq, positive au contraire pour Rautenberg et Pace. Clerc et Esmein ont constaté que l'ondulation est le plus souvent positive, mais qu'elle peut se manifester négativement, et ils l'ont vue changer de sens, chez un même sujet, selon qu'ils enfonçaient ou retiraient légèrement la sonde exploratrice.

De toutes manières, cette ondulation est nettement visible, bien séparée de celle qui lui succède et qui marque le début de la systole ventriculaire. C'est dire que la méthode pourra être utilisée avec profit, chaque fois qu'on se trouvera dans l'impossibilité d'obtenir un tracé jugulaire, ou lorsqu'on voudra avoir la certitude du synchronisme des deux oreillettes.

RADIOSCOPIE

La *radioscopie* a été appliquée à l'étude des arythmies, dans l'espoir qu'elle permettrait de voir les contractions auriculaires et de juger de leurs rapports avec celles des ventricules. Mais cette méthode ne laisse pas mesurer la durée de l'intervalle intersystolique. De plus, elle ne permet jamais d'affirmer l'absence des contractions auriculaires, même lorsque ces dernières n'apparaissent pas à l'écran. Enfin l'examen radioscopique a l'inconvénient de ne laisser aucun témoignage permanent. Il ne donne donc aucune des garanties que nous trouvons, au contraire si complètes dans la méthode des tracés.

ÉLECTROCARDIOGRAPHIE

L'*électrocardiographie* a déjà été exposée dans ses bases et dans ses principales applications au tome I de cet ouvrage. Nous savons qu'elle laisse une image permanente de la contraction cardiaque, sur laquelle peuvent se lire, avec la plus grande netteté, les systoles des oreillettes et des ventricules, leurs rapports chronologiques, leur dépendance ou leur dissociation. L'électrocardiographie semble donc appelée à jouer un rôle de plus en plus important dans l'étude des arythmies. Malheureusement, son installation est coûteuse, et l'on devra, dans bien des cas, se contenter des renseignements fournis par les tracés.

ÉPREUVE DE L'ATROPINE

On sait que l'atropine a pour propriété de paralyser les extrémités intra-cardiaques du pneumogastrique, provoquant ainsi une accélération simultanée des oreillettes et des ventricules qui peut atteindre 130 pulsations et même davantage.

Dehio et Müller, en 1891, remarquèrent que dans certains ralentissements du cœur, l'administration d'atropine n'influençait par le pouls d'une manière sensible. Ces expériences furent reprises par plusieurs auteurs qui constatèrent que, chez les sujets atteints de pouls lent permanent, l'atropine augmentait notablement la fréquence des oreillettes (phénomène aisé à vérifier sur les tracés jugulaires), mais que le rythme ventriculaire ne s'en trouvait en rien modifié.

Vaquez montra en 1907 que l' « épreuve de l'atropine », pratiquée dans certaines conditions, constituait un excellent moyen d'étude des troubles du rythme, permettant de dissocier la part due aux influences nerveuses ou aux lésions myocardiques. Lorsque le trouble disparaît totalement, on doit penser qu'il dépendait d'une action déviée des pneumogastriques.

Voici la technique de l'épreuve : on fait prendre au malade, après enregistrement graphique des pulsations radiales et jugulaires, deux milligrammes d'atropine par ingestion ou mieux par injection hypodermique.

Chez le sujet normal, l'accélération du pouls commence à se manifester au bout de 10 à 15 minutes après l'injection ; elle est maxima à la vingtième minute, atteignant 130 en général, restant parfois au-dessous de ce chiffre chez les vieillards. Il faut savoir que, si les délais dans lesquels se produit l'accélération sont sensiblement égaux entre les individus, il y a, par contre, d'assez notables variations en ce qui concerne le degré de l'accélération. Il est bon de prendre le pouls, et mieux encore, les tracés radio-jugulaires toutes les 10 minutes environ jusqu'à la quarantième minute.

Lorsque l'atropine est prise par voie gastrique, l'accélération ne commence guère avant une demi-heure, et elle se prolonge environ 2 à 3 heures. Après la piqûre, le pouls est le plus souvent redevenu normal au bout d'une heure. Il est conseillé de maintenir le malade couché pendant toute la durée de l'épreuve. Celle-ci ne s'accompagne d'ailleurs d'aucun malaise autre que de la dilatation papillaire et un peu de sécheresse de la gorge, et elle ne comporte aucun risque pour le sujet qui y est soumis.

CHAPITRE III

DES DIVERSES VARIÉTÉS DE TROUBLES DU RYTHME

Les progrès réalisés au cours de ces dernières années par les nouveaux procédés d'investigation ont permis de pousser, beaucoup plus loin qu'on ne l'avait fait jusqu'alors, l'étude des arythmies, et d'arriver à les classer d'une manière à peu près logique.

Cette classification ne peut être qu'hypothétique, à une époque où les découvertes se succèdent presque sans arrêt, obligeant à modifier constamment les détails et même certaines des grandes lignes de nos théories. Le plan très schématique que nous avons adopté pour cette étude, aura toutefois l'avantage de fournir un guide à l'esprit et de faciliter la compréhension des diverses formes cliniques.

Chez beaucoup de malades, le rythme, sans être troublé dans sa régularité, se trouve accéléré ou ralenti. Souvent, l'accélération ou le ralentissement se combinent à un certain degré d'arythmie, c'est-à-dire que les battements successifs diffèrent en longueur et en intensité. Bien qu'il soit classique de décrire à part les tachycardies et les bradycardies non compliquées d'arythmie, il n'y a pas de différence essentielle entre les premières et les dernières de ces formes. Les unes et les autres dépendent de modifications apportées à une ou à plusieurs des propriétés fondamentales du myocarde, soit par des lésions de ce myocarde, soit par un trouble de l'action des vagues ou des sympathiques. Aussi la véritable classification des troubles du rythme est-elle celle qui sépare :

Les **troubles de l'excitation,** dits quelquefois *arythmies du sinus*, parce qu'ils se manifestent par un retard ou une avance du début de la contraction, lequel a lieu, comme on sait, au niveau du sinus : ce sont les arythmies respiratoires et certaines brady ou tachycardies ;

Les **troubles de l'excitabilité**, qui se traduisent en général par l'apparition d'extrasystoles, soit isolées, soit réunies en rythme bigéminé ou en crises de tachycardie ;

Les **troubles de la contractibilité** que nous ne savons encore reconnaître que lorsqu'ils prennent la forme du pouls alternant ;

Les **troubles de la conductibilité** (sino-auriculaire ou auriculo-ventriculaire), parmi lesquels on a décrit depuis longtemps le syndrome de Stokes-Adams, se caractérisant par une bradycardie paroxystique ou permanente, et par des crises syncopales ou épileptiformes (1).

Il ne reste, en marge de cette classification, que l'**arythmie complète** du cœur, où le trouble porte à la fois sur la force et sur les intervalles des pulsations et qui s'accompagne bien souvent d'une assez grande accélération (*delirium cordis*). Étudiée avec soin au cours de ces dernières années, l'arythmie complète a livré une partie de ses secrets : il est probable qu'elle doit être classée parmi les troubles de l'excitabilité.

Avant d'aborder ces différents chapitres, il est indispensable de dire quelques mots des modifications que l'on peut observer dans la durée relative de la systole et de la diastole, et aussi des troubles apportés à la coordination des deux moitiés droite et gauche du cœur.

Troubles portant sur la longueur respective de la systole et de la diastole. — On sait que, normalement, le petit silence, qui correspond à la systole, forme les 3/8 de la révolution totale (Gillet), et que le grand silence de la diastole correspond aux 5 autres huitièmes. Ces

(1) Les altérations de la *tonicité* ne semblent pas susceptibles de provoquer des troubles du rythme.

rapports peuvent se modifier par allongement ou raccourcissement de la diastole.

Dans le premier cas, les deux silences deviennent égaux en durée. Le rythme est dit alors *fœtal* (Stokes). Il s'associe habituellement à une tachycardie plus ou moins prononcée. Les deux bruits sont égaux en intensité (par suite de l'affaiblissement du second bruit), et ils donnent l'impression du tic-tac d'une montre. Cet état de *bradydiastolie* a été considéré par Huchard en 1895 comme un signe de faiblesse cardiaque. On le rencontre à la phase ultime des affections valvulaires et de la cardiosclérose, dans le collapsus des maladies infectieuses, dans l'intoxication par l'atropine et le chloral (Gillet). Sa constatation permet alors de porter, quelquefois longtemps à l'avance, un pronostic presque toujours inexorable (Huchard). Au point de vue thérapeutique, il contre-indiquerait la digitale qui ne pourrait être ordonnée qu'après un repos prolongé au lit avec régime réduit.

Chez l'enfant, Weil l'a rencontré dans la symphyse du péricarde; Tripier et Devic, dans maintes infections dont leurs petits malades ont d'ailleurs guéri. Le pronostic serait donc moins grave ici que chez l'adulte.

L'association de la tachycardie au rythme fœtal n'est pas absolument nécessaire, et Grasset a décrit, sous le nom d'*embryocardie dissociée*, un type de rythme fœtal à 72-80, rappelant celui d'un balancier sans affaiblissement des bruits. Selon Grasset, il serait dû à une diminution très considérable de l'élasticité artérielle. On rencontre ce signe principalement chez des artérioscléreux (Barth et Roger) et le pronostic apparaît comme moins sévère que lorsqu'il y a simultanément de la tachycardie.

Chez d'autres malades, on observe, quoique plus rarement, l'allongement de la diastole qui peut arriver à former les 6/8 de la révolution totale. Les deux bruits apparaissent, à l'auscultation, comme extrêmement rapprochés, bien que nettement distincts, et suivis d'un grand silence de durée anormale, malgré la tachycardie qui ne manque jamais. Ce rythme a été signalé par Perret chez des enfants phtisiques ou atteints de méningite tuberculeuse, par Gillet chez certains typhiques. Il serait d'un pronostic toujours grave.

Troubles portant sur la coordination des deux cœurs (hémisystolies). — Normalement, les deux cœurs droit et gauche travaillent avec un synchronisme parfait, les systoles de chaque cavité commençant et finissant en même temps. Cette association n'est même pas rompue, comme nous le verrons, en cas d'extrasystoles.

Heskert Biggs, agissant sur le cœur isolé, et sectionnant à des niveaux de plus en plus élevés les deux branches du faisceau de His, n'est jamais arrivé à arrêter un des ventricules sans l'autre : lorsque la section entamait la branche-mère du faisceau, l'arrêt se produisait des deux côtés à la fois. Il ne semble pas cependant que ce soit du côté du faisceau de His qu'il faille chercher la raison de ce synchronisme. Il est plus probable qu'il tient à l'intrication des fibres du myocarde, qui est telle que les couches profondes d'un des ventricules se continuent avec les couches superficielles de l'autre.

Leyden a cependant soutenu, en 1882, la théorie de l'hémisystolie, d'après laquelle certaines arythmies pourraient avoir pour cause le ralentissement du rythme du ventricule gauche qui se contracterait seulement une fois, contre deux contractions du ventricule droit. Tout récemment, Kraus et Nicolaï ont vu que, chez le chien, la contraction de chaque ventricule isolé déterminait un électro-cardiogramme spécial. Ils ont cru, partant de ce fait, rencontrer l'hémisystolie sur des électro-cardiogrammes d'insuffisance aortique et de certaines hypertrophies du cœur gauche.

Expérimentalement, Arloing l'avait constatée chez le cheval après des excitations répétées du pneumogastrique qui arrêtaient le ventricule droit, alors que le ventricule gauche continuait à battre. Pletnew a repris ces expériences : il a noté, après excitations du pneumogastrique, d'abord un retard du ventricule droit, puis, par moments, l'absence d'une contraction de ce même ventricule, alors que celui du côté gauche continuait à battre régulièrement. Il est vrai que Barker et Hirschfelder pensent qu'en pareil cas la couche externe seule d'un ventricule est arrêtée en même temps que la couche interne du ventricule opposé, et que la couche profonde continue à battre encore du côté qui paraît complètement inerte.

La question de l'hémisystolie n'est donc pas encore résolue : Bard, Rautenberg, Hering continuent à ne pas admettre sa possibilité, encore moins son rôle clinique dans les arythmies.

Tout ce que nous venons de dire s'applique aux ventricules. Mais ne pourrait-il y avoir une hémisystolie des oreillettes ? Wenckebach a étudié un malade chez lequel l'oreillette droite avait un rythme sensiblement plus lent que celui de l'oreillette gauche, et il rappelle que Fredericq a observé un fait semblable chez le chien.

Lewis a cru pouvoir affirmer l'hémisystolie auriculaire dans un cas de sténose mitrale : l'ondulation *a* persistait sur le tracé jugulaire (signe de contraction de l'oreillette droite), alors que le tracé de la pointe n'en portait aucune trace et que le souffle présystolique autrefois très net avait disparu. Ce ne peut être cependant qu'une éventualité exceptionnelle. Rautenberg, par la méthode des tracés pris simultanément aux jugulaires et dans l'œsophage, a toujours constaté que les deux oreillettes se paralysaient en même temps.

Avant d'expliquer par l'hémisystolie un trouble quelconque du rythme cardiaque, il faut donc s'être mis dans des conditions d'examen qui permettent d'écarter absolument tout autre explication.

CHAPITRE IV

ARYTHMIES SINUSALES

Nous réunissons sous ce nom, à l'exemple de James Mackenzie, les arythmies qui dépendent d'un trouble de l'excitation. On sait en effet que l'excitation se manifeste sur les restes du sinus, point d'origine normal de la contraction du cœur.

En pareil cas, l'irrégularité affecte uniquement la diastole qui est plus ou moins allongée ou raccourcie, selon que le début de la contraction cardiaque a été retardé ou, au contraire, avancé. La succession des autres phases de la révolution cardiaque n'est, par contre, en rien modifiée : le passage de l'onde contractile sinus à l'oreillette et jusqu'au ventricule se fait dans les délais normaux : il est aisé de constater, sur les tracés jugulaires, que l'espace *a-c* mesure toujours 1/5 de seconde.

La variété d'arythmie sinusale la plus anciennement connue, de beaucoup d'ailleurs la plus fréquente, est l'arythmie périodique respiratoire. Nous dirons quelques mots seulement des variétés plus exceptionnelles, dont il importe de connaître au moins l'existence, et des simples ralentissements ou accélérations du cœur qui seront étudiés dans des chapitres spéciaux.

ARYTHMIE PÉRIODIQUE RESPIRATOIRE

L'inspiration tend à accélérer, l'expiration, à ralentir les battements du cœur : du moins en est-il ainsi à l'état physiologique chez de nombreux mammifères, comme le chien (*fig.* 5).

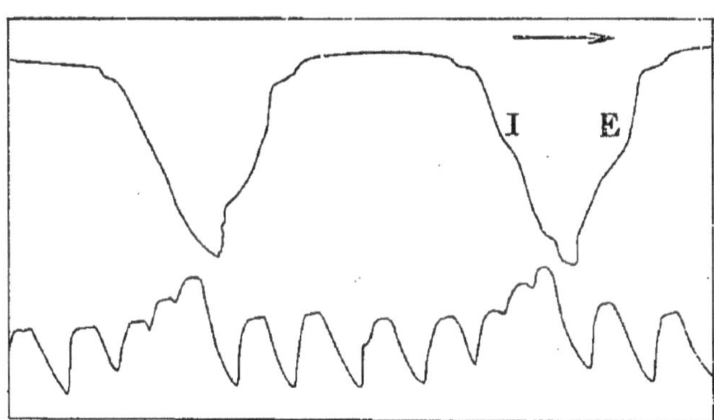

Fig. 5. — Augmentation de la fréquence du pouls pendant l'inspiration chez le chien (d'après Wertheimer).

Le fait est plus rare chez l'homme, mais il est cependant des sujets chez lesquels ces oscillations du rythme cardiaque apparaissent nettement sous l'influence des respirations même normales, au point de donner lieu parfois à une véritable arythmie.

On constate alors des alternatives de pulsations

précipitées, puis ralenties. En prenant le tracé du pouls en même temps que celui de la respiration, Lommel a pu démontrer que l'accélération était inspiratoire et le ralentissement expiratoire. Le changement de rythme se produit parfois d'une manière abrupte, au commencement de l'expiration ; dans les cas où le trouble est moins accusé, il ne s'accuse qu'avec une certaine progression.

La rapidité totale du pouls ne diffère pas, le plus souvent, de la rapidité normale, mais cependant, lorsque le ralentissement expiratoire est très prononcé (au point que la longueur de ces diastoles devient double de celles de l'inspiration), le pouls tombe à 60 et même à 54 par minute.

Le trouble du rythme reste généralement isolé, ne s'accompagnant d'aucune modification des bruits à l'auscultation, d'aucun changement dans la durée du petit silence. Les malades n'éprouvent aucune sensation subjective et ignorent cette arythmie jusqu'au jour où leur attention se trouve attirée de ce côté. Tomaselli a noté que le trouble s'accentuait sous l'influence de la fumée du tabac.

L'arythmie respiratoire s'observe, *d'une manière permanente*, chez beaucoup d'enfants et d'adolescents (chez 40 % des jeunes sujets, d'après Mackenzie). Elle coïncide souvent chez eux avec les symptômes de la fausse hypertrophie de croissance, et parfois aussi, avec certaines affections organiques du cœur : mais elle n'en dépend pas directement, et cette constatation ne doit compter que comme une simple coïncidence. Le traitement par les tonicardiaques reste d'ailleurs sans action sur ce trouble du rythme.

Les irrégularités respiratoires sont beaucoup plus rares chez l'adulte. Certains neurasthéniques en présentent cependant, surtout lorsque leur pouls se ralentit après un exercice de courte durée.

L'arythmie respiratoire s'observe *accidentellement* dans certaines affections encéphaliques (hémorrhagies méningées, tumeurs cérébrales), et dans la période d'état de la méningite tuberculeuse. On note, en même temps, un certain degré de bradycardie.

On la constate aussi à la suite des maladies infectieuses les plus diverses (diphtérie, scarlatine, fièvre typhoïde (Lommel), et cela surtout chez les jeunes gens. Les irrégularités n'apparaissent, en général, qu'après la défervescence. Elles sont parfois plus précoces dans la fièvre typhoïde où le pouls est, d'une façon générale, relativement peu accéléré. Le plus souvent, on ne les constate qu'au moment où le malade va mieux, et d'emblée alors, très accusées : elles persistent quelques jours ou quelques semaines, pour disparaître sans avoir provoqué et sans laisser de troubles d'aucune espèce.

Diagnostic de l'arythmie respiratoire. — Il ne présente aucune difficulté : il suffit d'y penser, et de comparer avec soin la durée des pulsations dans chacune des deux phases de la respiration : on constatera que l'arythmie s'accuse lorsqu'on ordonne au malade de faire des inspirations un peu plus profondes. Il ne faut pas cependant lui permettre de faire des inspirations forcées qui pourraient aboutir à une suppression momentanée du pouls.

Le trouble du rythme cesse lorsque le malade suspend, sans effort, sa respiration pour quelques secondes ; il cesse de même ou s'atténue tout au moins sous l'influence des émotions qui accélèrent le cœur, ou du passage à la position debout. On note alors, dans bien des cas, et surtout chez les convalescents, une accélération notable du cœur (tachycardie orthostatique, Vanysek, Thomayer).

Chaque fois que le diagnostic reste douteux, ce qui peut arriver en particulier lorsque le rythme total n'atteint pas 60, il est absolument nécessaire, pour arriver à une certitude, de prendre des tracés du pouls et de la respiration (*fig.* 6), qui montreront les rapports chronologiques que l'examen ordinaire ne permettait pas d'affirmer avec certitude.

Les tracés jugulaires indiqueront, de plus, la persistance de l'onde *a*, ainsi que l'absence de toute modification de l'espace *a*-*c*. On pourra constater enfin que l'inégalité de durée porte entièrement sur les diastoles.

Ajoutons que l'épreuve de l'atropine fait toujours disparaître l'arythmie respiratoire (Wertheimer et Meyer) : le pouls passe alors à 120 environ et devient entièrement régulier pour quelques heures.

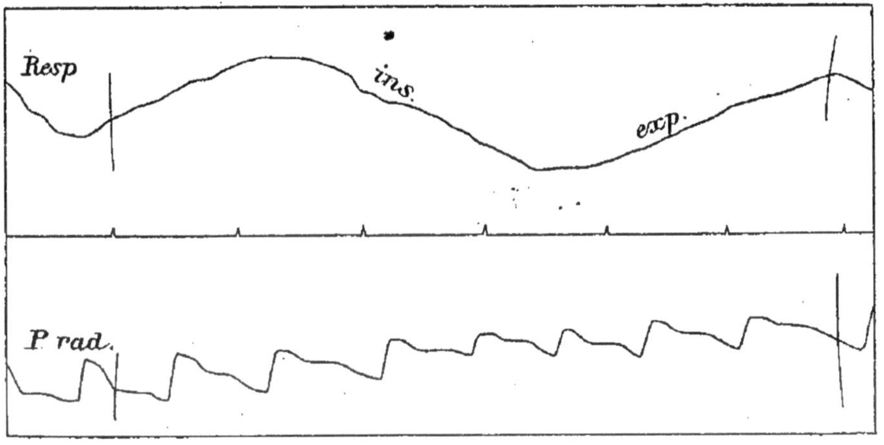

Fig. 6. — Arythmie respiratoire chez un jeune mitral : en haut, tracé de la respiration ; en bas, tracé radial. Temps marqué en secondes (6 juillet 1909).

Il sera donc toujours facile de distinguer le pouls lent par arythmie respiratoire de celui du syndrome de Stokes-Adams (par trouble de la conductibilité) : ce dernier persiste à l'atropine, ne se modifie pas dans le passage à la position debout ; enfin les tracés jugulaires y mettront en évidence la dissociation des ondulations *a* et *c*, c'est-à-dire des systoles auriculaires et ventriculaires.

Pathogénie et pronostic. — On n'admet plus que l'arythmie respiratoire soit due aux modifications de la pression intrathoracique, depuis que Fredericq a montré qu'elle persistait même quand le thorax était réséqué en grande partie. Le même auteur nous a appris qu'elle disparaissait chez le chien après section des vagues. Elle semble donc dépendre d'une augmentation de l'action des centres pneumogastriques, laquelle se manifesterait d'une manière intermittente, à chaque excitation partie du centre inspirateur, leur voisin dans le bulbe. Cette conception explique, en particulier, la fréquence de l'arythmie respiratoire dans les affections du système nerveux.

Il s'agirait donc d'une action nerveuse, chronotrope négative, et on comprend dès lors la rareté du trouble chez l'adulte dont le cœur est beaucoup moins sensible à l'action des vagues. On comprend également l'absence de tout signe d'insuffisance cardiaque chez les sujets affectés de cette arythmie, qui n'indique qu'un certain degré de faiblesse générale sans tare aucune de l'appareil circulatoire. C'est dire qu'il faut rassurer les malades qui s'effrayent de cette arythmie. C'est dire aussi combien il importe de ne pas attirer de ce côté l'attention des jeunes gens ou des convalescents sans leur expliquer en même temps qu'il s'agit d'un trouble physiologique et qui disparaîtra avec l'âge.

Dans les cas où le ralentissement est très accusé, on peut, sans inconvénients, accélérer légèrement le pouls par de petites doses répétées d'atropine. Il sera plus indiqué encore de tonifier l'état général : c'est sans doute ainsi qu'agissent les bains carbogazeux, que l'un de nous a vus, à maintes reprises, faire disparaître l'arythmie respiratoire, au moins pour une certaine période de temps.

Suppression du pouls dans l'inspiration ou dans l'expiration forcée. — L'affaiblissement, et même la disparition plus ou moins complète du pouls a été signalée, par Marey et par Griesinger, dans l'*inspiration forcée.*

L'affaiblissement du pouls dans l'*inspiration modérée* a pu être considéré par Kussmaul comme caractéristique de la symphyse péricardique accompagnée d'adhérences médiastinales généralisées (*pouls paradoxal*) : l'aorte comprise entre les brides fibreuses se trouverait obligée de s'allonger et de se rétrécir à chaque inspiration.

Mais le même signe a été vu par Traube et par Potain dans l'épanchement péricardique, par Fr.-Franck dans un cas d'anévrysme aortique volumineux. Svoichotow l'a constaté chez deux sujets atteints de péricardite aiguë à l'autopsie desquels furent rencontrées des adhérences des feuillets péricardiques entre eux et avec le poumon gauche. Le pouls paradoxal se voit aussi dans le croup et dans les sténoses laryngées.

Il est difficile, à l'heure actuelle, de donner une théorie satisfaisante de la pathogénie du pouls paradoxal.

Nous en dirons autant en ce qui concerne la suppression du pouls signalée par Weber dans l'*expiration forcée,* par Tripier et Devic dans les quintes de toux des coquelucheux et de certains emphysémateux. Il y a lieu de croire que ce sont là autant de types d'arythmie sinusale.

ARYTHMIES SINUSALES INDÉPENDANTES DE LA RESPIRATION

Rentrent dans ce type d'arythmies un grand nombre d'accélérations du cœur, telles que la *tachycardie émotive* (palpitations simples), la *tachycardie par lésion des pneumogastriques* (névrite ou destruction du tronc nerveux), la *tachycardie orthostatique.*

Il en est de même de beaucoup de ralentissements cardiaques : *bradycardie des convalescents* et *des neurasthéniques, bradycardie des affections abdominales* telles que l'appendicite. La bradycardie peut alterner avec la tachycardie chez les neurasthéniques, et on peut noter, en pareil cas, que le sujet attache beaucoup plus d'attention au ralentissement qui se manifeste au repos qu'à l'accélération de mouvement. La constatation d'un pouls lent, le matin au lit, affole quelquefois le malade, en lui donnant une fausse impression de faiblesse cardiaque.

J. Mackenzie a décrit un type très spécial d'arythmie sinusale qui se produit chez certains sujets *à l'occasion de chaque déglutition* : le rythme s'accélère dans son ensemble, pour se ralentir au bout de deux à trois secondes. Dans certains cas, après une période de rythme régulier, on constate une nouvelle série d'oscillations du pouls parallèle à la première : le tout est sans rapport aucun avec les mouvements respiratoires.

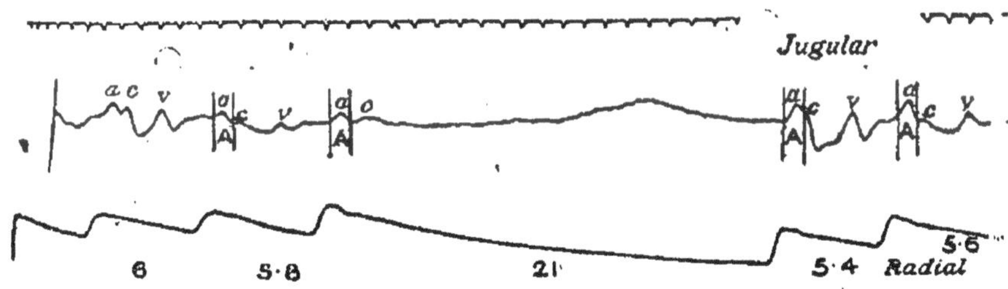

Fig. 7. — Pause complète de 4 secondes, avec arrêt simultané des oreillettes et des ventricules, par cessation momentanée de l'excitation au niveau du sinus (d'après Laslett).

Se placent dans la même catégorie les faits, encore rares, de *pauses complètes du cœur*, telles qu'en a décrites Wenckebach et plus récemment Laslett. Il s'agissait, dans ce dernier cas, d'une femme de 40 ans qui, tous les mois, présentait pendant quatre ou cinq jours consécutifs, des pauses du cœur, pendant lesquelles les tracés radiaux et jugulaires (*fig.* 7) montraient une absence complète de contraction des ventricules et des oreillettes. Au bout de 2 à 5 secondes de pause, le pouls radial réapparaissait, d'abord faible (pression artérielle 70 mm.), puis *crescendo* (atteignant peu à peu 110 mm). Les pauses dépassant trois secondes provoquaient régulièrement une syncope. Elles étaient plus rares et moins longues quand la malade était maintenue au lit.

La preuve de l'origine nerveuse du trouble fut donnée par l'épreuve de l'atropine qui ramena le pouls à 100 pour 24 heures en faisant disparaître entièrement les pauses.

CHAPITRE V

TROUBLES DE L'EXCITABILITÉ. EXTRASYSTOLES.

L'excitabilité du myocarde est représentée par la somme d'excitation nécessaire pour provoquer une contraction.

Nous manquons encore de procédés qui permettent de réaliser cette mesure en clinique, et sommes à même seulement de reconnaître qu'il y a augmentation de l'excitabilité, en nous basant sur la constatation d'*extrasystoles*, c'est-à-dire de contractions nées en pleine masse du myocarde, et qui viennent interrompre le rythme sinusal, sans en troubler d'ailleurs le cours régulier. L'apparition d'une extrasystole *auriculaire* ou *ventriculaire* indique que l'excitabilité d'un point des oreillettes ou des ventricules a dépassé momentanément celle du sinus.

Nous savons depuis Mackenzie que les extrasystoles peuvent naître également au niveau du faisceau de His (extrasystoles auriculo-ventriculaires), et le même auteur a émis l'opinion, encore hypothétique, que les extrasystoles auriculaires ou ventriculaires elles-mêmes naîtraient des restes du tissu primitif, épars dans le myocarde strié.

Lewis a montré, sur des électrocardiogrammes de chien, que les extrasystoles provoquées expérimentalement déterminaient une modification de la courbe qui est toujours caractéristique pour chacune des régions excitées. Le type qui se rapproche le plus du type normal est celui qu'on obtient en excitant la veine cave supérieure, c'est-à-dire le point d'origine du rythme normal du cœur. Aussi une similitude parfaite entre des électrocardiogrammes recueillis à différentes époques chez un même sujet doit-elle faire penser que ces extrasystoles naissent d'une région identique du myocarde, région dont l'excitabilité se trouve maintenue élevée par une cause permanente (Lewis).

Il est cependant assez fréquent (Mackenzie) de constater, chez le même malade, parfois dans un court espace de temps, des extrasystoles appartenant à deux ou trois variétés : on doit en conclure qu'il existe une hyperexcitabilité généralisée à plusieurs régions du myocarde.

Sémiologie de l'extrasystole. — C'est une systole fruste, parce que prématurée. Se produisant avant la fin de la réplétion diastolique des ventricules, elle ne met en mouvement qu'une ondée sanguine restreinte : aussi se caractérise-t-elle, à l'examen du pouls radial, par une pulsation prématurée et faible (faux pas du cœur), généralement suivie d'une pause plus ou moins longue, dite *repos compensateur* (1).

Mais parfois le doigt ne perçoit rien que la pause, et l'on dit alors qu'il y a une *intermittence du pouls*. En réalité, ce n'est qu'une fausse intermittence, car, bien souvent, le sphygmographe montre (*fig.* 8) une légère élévation *b* qui suit de près la systole précédente.

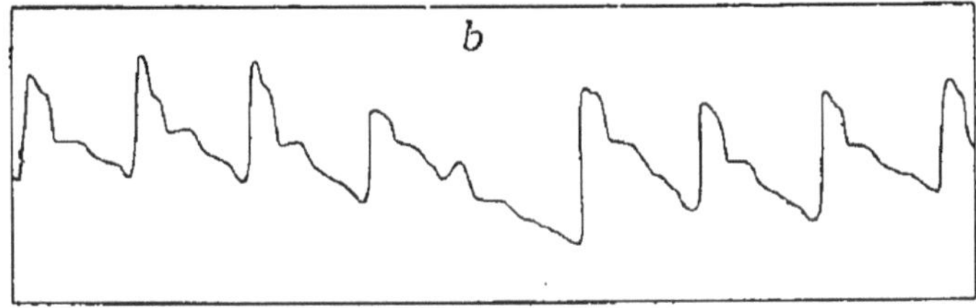

Fig. 8. — Tracé radial montrant une extrasystole en *b*. La pause compensatrice est *complète*.

L'extrasystole de la fin du grand silence est encore efficace, et se traduit par une élévation assez nette. Mais, plus l'extrasystole est précoce, et plus l'onde radiale s'efface, au point de disparaître complètement (*fig.* 9). Il est alors nécessaire de rechercher la preuve de la contraction prématurée

(1) La production de cette pause est aisée à comprendre : le myocarde, après avoir fourni l'extrasystole, se trouve, de ce fait, mis pendant un certain temps en état d'inexcitabilité; et cet état persiste encore au moment où se produit l'excitation suivante. Celle-ci reste donc sans effet, d'où le repos qui se prolongera jusqu'à une nouvelle excitation suivie, cette fois, d'une systole normale.

du ventricule dans les tracés de la pointe, ou plus simplement en auscultant le cœur.

On perçoit, en effet, au moment de l'extrasystole, deux bruits assez rapprochés et qui suivent à court intervalle ceux de la systole normale précédente. Ces bruits extrasystoliques sont affaiblis, comme « en écho » (Huchard), et suivis d'une pause qui dure jusqu'à la systole suivante. L'auscultation constitue certainement le

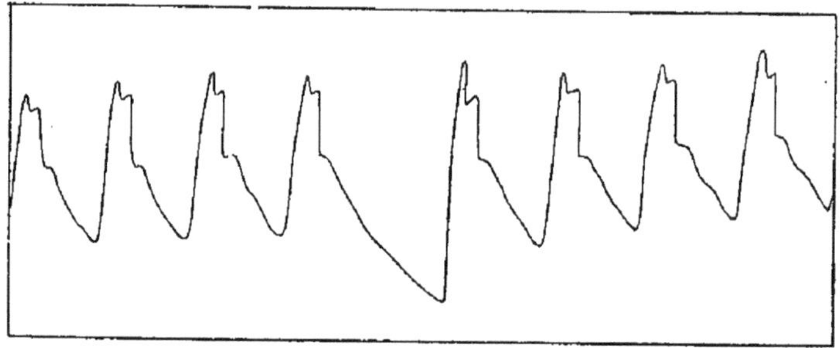

Fig 9. — Tracé radial montrant une fausse intermittence (l'extrasystole, non transmise au pouls, s'entendait à l'auscultation du cœur). Le repos compensateur est incomplet.

moyen le plus sûr de reconnaître les extrasystoles, car cette succession particulière de bruits n'est réalisée par aucun autre trouble du rythme.

Il arrive parfois cependant que l'oreille ne perçoit qu'un seul bruit au moment de l'extrasystole. C'est que la contraction ventriculaire, trop précoce, n'a agi que sur un volume de sang trop faible pour soulever les sigmoïdes aortiques. Mais ce bruit, même unique, suffit à permettre la distinction de la fausse intermittence et de l'intermittence vraie. Dans cette dernière, la contraction ventriculaire manque totalement par suite de l'arrêt, au niveau du faisceau de His, de l'impulsion venue des oreillettes et, comme les contractions de l'oreillette sont entièrement silencieuses, l'oreille ne perçoit, entre les contractions ventriculaires normales, absolument aucun bruit. Au contraire, un bruit affaibli mais toujours perceptible, indiquera toujours une extrasystole, même précoce. Il est bien rare d'ail-

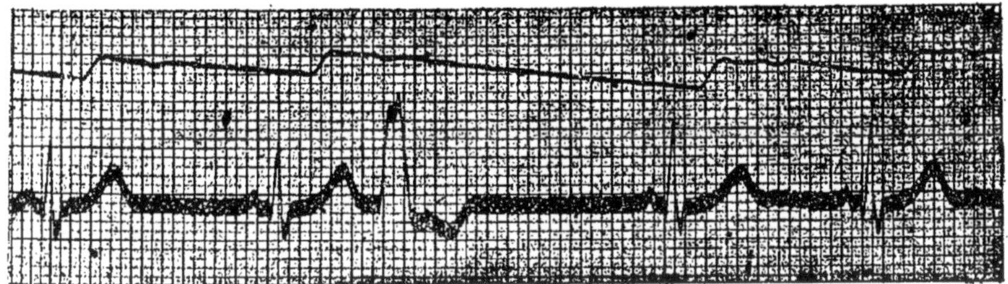

Fig. 10. — Électrocardiogramme montrant une extrasystole (d'après Einthoven). En haut, enregistrement simultané du pouls radial.

leurs qu'en continuant à ausculter le malade, on ne parvienne pas à constater d'autres extrasystoles plus tardives et de diagnostic plus aisé.

L'extrasystole détermine, sur la courbe électrocardiographique, une perturbation qui est variable selon son origine, mais toujours très caractéristique. On peut voir (*fig.* 10) que l'intermittence du tracé radial correspond à une élévation très prononcée, de forme atypique, non précédée de l'élévation P caractéristique de la systole auriculaire, et suivie d'une pause compensatrice.

Diagnostic des variétés d'extrasystoles. — Il est très rarement possible d'y arriver par le seul examen du pouls, même aidé de l'auscultation du cœur. Nous verrons que l'analyse des sensations subjectives dont s'accompagne l'extrasystole ne permet pas non plus de les différen-

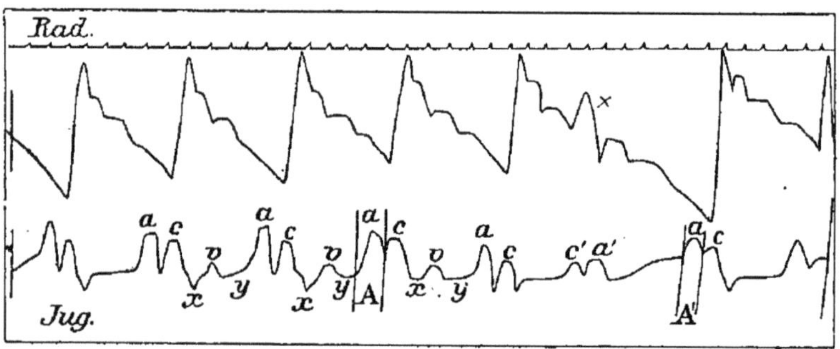

Fig. 11. — Extrasystole ventriculaire (marquée en x sur le tracé radial). A ce niveau, on note sur le tracé jugulaire une onde c'. L'onde a' qui suit répond à la contraction de l'oreillette survenant à son temps régulier. La pause compensatrice est complète. Temps en 1/5 de seconde (d'après Mackenzie).

cier (Vaquez). On n'y arrive, en général, que par l'étude des tracés radiaux et jugulaires, ou mieux encore par l'électrocardiogramme.

a) *Extrasystoles ventriculaires.* — Elles se caractérisent *sur le tracé jugulaire* par une onde unique qui précède légèrement l'extrasystole radiale, et que provoque la contraction ventriculaire anormale par le même mécanisme qui cause l'onde *c* du tracé jugulaire normal. Aussi désigne-t-on cette onde jugulaire par la lettre *c'* (*fig.* 11). L'onde suivante *a'* représente une systole auriculaire normale, mais on peut constater, sur le tracé, que cette onde *a'* n'est suivie ni de *c* ni de *v* : c'est que la systole ventriculaire suivante a manqué en raison de l'état d'inexcitabilité du ventricule. L'ondulation *a* suivante inaugure la reprise du rythme normal.

On voit que, dans l'extrasystole ventriculaire, la pause est vraiment compensatrice, c'est-à-dire que les durées totalisées de la dernière con-

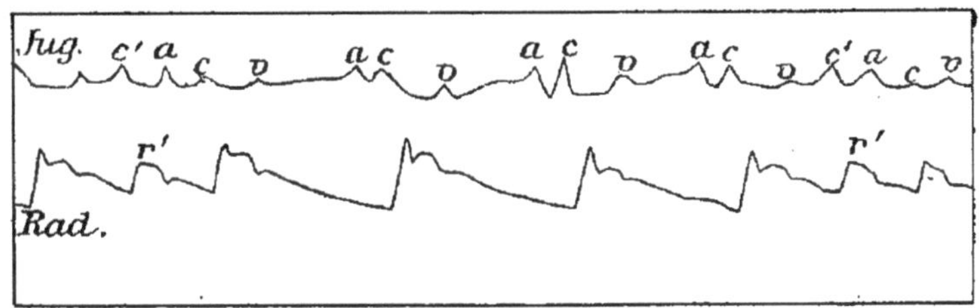

Fig. 12. — Extrasystole ventriculaire *intercalée*, (en *r'*) : elle est entièrement logée dans la durée d'une diastole, et s'accuse sur les tracés jugulaires par une seule onde *c'* (d'après Mackenzie).

traction normale, de l'extrasystole et de la pause, correspondent exactement à la durée de deux révolutions normales.

Il peut y avoir cependant une exception. Quand le rythme du cœur est très lent, l'impulsion auriculaire qui suit l'extrasystole peut parvenir au ventricule une fois la période réfractaire terminée : le ventricule répondra alors à l'excitation, et, sur le tracé jugulaire, on trouvera, après une onde *c'* (représentant l'extrasystole) la reprise immédiate des ondes *acv* (*fig.* 12). C'est ce que l'on a appelé l'extrasystole *intercalée*, parce qu'elle se loge dans une diastole sans troubler l'ordonnance régulière des systoles ventriculaires. Mais c'est un cas plutôt rare.

b) *Extrasystoles auriculaires.* — Leur caractère principal est d'apparaître sur le tracé jugulaire sous forme d'une onde a' prématurée, et suivie d'ondes c' et v' qui témoignent d'une contraction ventriculaire également prématurée (*fig.* 13). De plus, la pause compensatrice est

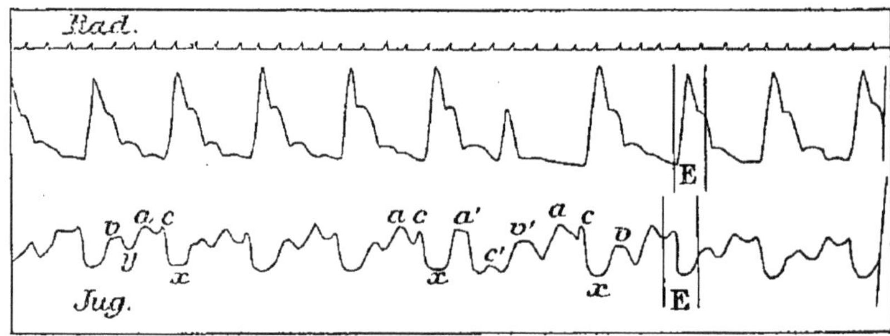

Fig. 13. — Extrasystole auriculaire : on note sur le tracé jugulaire, au niveau de l'intermittence du pouls radial, une onde a' prématurée suivie de c' et de v'. La pause compensatrice est légèrement raccourcie (d'après Mackenzie).

ordinairement incomplète, parce que la systole auriculaire suivante se produit avec une certaine avance.

Mackenzie et J. Hay ont attiré l'attention sur une autre particularité de l'extrasystole auriculaire, à savoir l'allongement fréquent de l'espace a' c', c'est-à-dire de l'intervalle compris entre les contractions de l'oreillette et du ventricule dont l'ensemble constitue l'extrasystole. C'est que le faisceau de His n'a pas eu le temps, en raison du caractère prématuré de l'extrasystole, de reprendre son activité physiologique normale. Il peut arriver même que l'impulsion auriculaire se trouve bloquée, le ventricule ne répondant plus à l'extrasystole auriculaire. L'on doit conclure en pareil cas

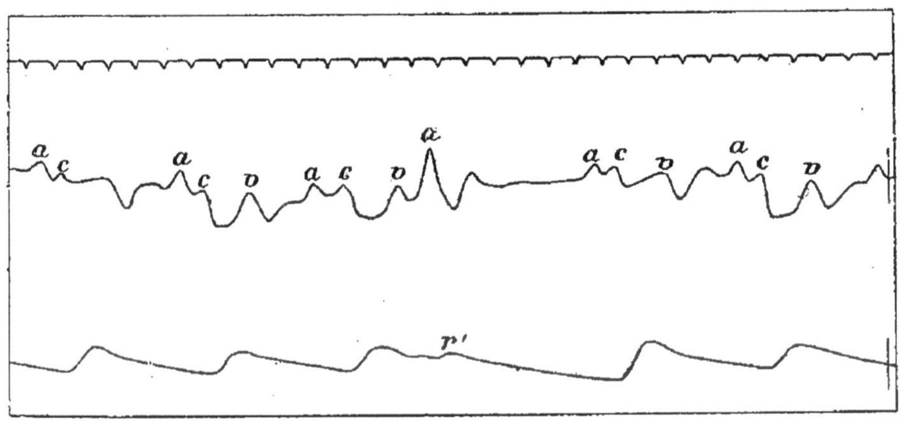

Fig. 14. — Extrasystole auriculo-ventriculaire (en *r'* sur le tracé radial). Elle se caractérise sur le tracé jugulaire par une seule ondulation *a* exceptionnellement élevée (d'après Mackenzie).

à l'existence de lésions assez marquées du faisceau de His.

c) *Extrasystoles auriculo-ventriculaires.* — Elles naissent de la partie moyenne du faisceau de His, et en particulier du nœud de Tawara. Munk, Kronecker, Hering et Rihl ont montré que la piqûre du faisceau provoque l'apparition d'extrasystoles répétées, qui se caractérisent par la contraction prématurée et simultanée des deux cavités [1].

Sur les tracés jugulaires, l'extrasystole auriculo-ventriculaire détermine une seule onde très marquée (*fig.* 14), suivie ou non, selon les cas, de pause compensatrice.

On voit, en résumé, que la présence d'une pause compensatrice complète devra faire penser tout d'abord à une extrasystole ventriculaire (bien que cette dernière puisse apparaître sans pause compensatrice : extrasystole intercalée). Une pause raccourcie sera le plus souvent en faveur de l'origine auriculaire de l'extrasystole, mais les tracés jugulaires permettront seuls de distinguer cette dernière, de l'extrasystole née dans le faisceau de His. L'électrocardiogramme donne plus de précision encore, car il permet de distinguer si l'extrasystole tire son origine du cœur droit ou du cœur gauche. En cas d'extrasystole ventriculaire, il montre même si elle naît de la pointe ou de la base.

Causes des extrasystoles. — *Expérimentalement* sur le cœur isolé, la piqûre, la chaleur, les courants induits, l'application de certaines substances chimiques, provoquent des

(1) En réalité, les oreillettes se contractent un peu plus tôt que les ventricules, sans doute parce que leur myocarde est plus proche du nœud de Tawara.

extrasystoles isolées ou en série. Sur l'animal vivant, on les fait apparaître par l'augmentation de la pression artérielle (Knoll, 1872, par la ligature partielle de l'aorte), ou par l'excitation de l'endocarde (Arloing). Il est à noter que Hering *n'est jamais arrivé à les obtenir par des excitations nerveuses.*

En clinique, les extrasystoles se rencontrent avec une très grande fréquence, et il est peu de sujets qui n'en aient présenté à un moment donné de leur existence. Chez les individus qui en présentent habituellement, on les constate à intervalles plus ou moins longs; elles peuvent disparaître parfois pour des semaines ou des mois. Quelquefois elles se rapprochent au point de devenir très fréquentes pendant un quart d'heure ou une série d'heures, pour s'espacer ensuite et ne plus apparaître qu'une ou deux fois dans une journée.

Chez certains malades, on les constate incessantes, toutes les 10, toutes les 4 à 5 pulsations, et cela d'une manière quasi permanente. Une forme très particulière, sur laquelle nous reviendrons, est due au renouvellement de l'extrasystole à la suite de chaque contraction normale : il en résulte la formation de couples de contractions cardiaques, dont chacun est séparé des couples voisins par une pause (*rythme bigéminé*).

Les extrasystoles peuvent exister chez certains sujets depuis l'enfance jusqu'à la vieillesse. Elles sont toutefois peu fréquentes chez les adolescents. Dans 50 % des cas, elles n'apparaissent qu'à l'âge moyen, sous l'influence de l'augmentation de la charge adipeuse du corps, de l'élévation de la tension artérielle, à l'approche de la ménopause chez les femmes : en général, lorsqu'il y a disproportion entre la force du cœur et la résistance périphérique. Il n'y a pas cependant de relation constante entre le degré de la tension artérielle et la fréquence des extrasystoles. On les voit souvent coïncider avec une tension basse, et elles peuvent manquer dans la néphrite interstitielle, même à sa phase la plus hypertensive.

Les extrasystoles se manifestent occasionnellement, ou plus souvent augmentent de nombre, sous l'influence de la *grossesse*, des *parasites intestinaux*, de l'intoxication chronique par le *tabac*, l'*alcool*, le *thé* ou le *café*, du séjour au bord de la mer ou des hautes altitudes chez les artérioscléreux latents. On les a vues apparaître chez les femmes surmenées et déglobulisées. Elles disparaissent ou s'espacent quand cesse la cause provocatrice, c'est-à-dire lorsqu'on arrête l'intoxication, qu'on met le malade au repos à la campagne, qu'on l'écarte de la mer ou qu'on le fait redescendre à une altitude moindre.

Les extrasystoles sont très fréquentes dans la

convalescence des maladies infectieuses (fièvre typhoïde en particulier), se combinant souvent avec de l'arythmie respiratoire. Elles sont, par contre, rares pendant la période fébrile, et leur pronostic est alors aussi sévère qu'il est généralement bénin lorsque leur apparition a succédé à la défervescence. On les constate dans la tuberculose fébrile, et aussi dans certaines affections cérébrales comme la méningite (Pletnew).

Elles apparaissent parfois nombreuses après les crises d'*angor*, et surtout les crises d'*œdème pulmonaire* ou d'*asthme cardiaque*, sans doute comme suite de l'hypertension paroxystique qui a provoqué ou accompagné ces crises. Leur pronostic est alors grave, et nous a permis à plusieurs reprises de prévoir la fin prochaine du malade.

Les extrasystoles sont peut-être plus fréquentes chez les porteurs d'affections valvulaires que chez les sujets qui en sont indemnes. Elles ne constituent pas cependant un symptôme d'insuffisance cardiaque, car elles résistent aux médicaments cardiotoniques qui diminuent la dilatation et effacent les signes de faiblesse du cœur. Elles semblent, chez les valvulaires, indiquer plutôt le développement de lésions interstitielles du myocarde.

Chez certains sujets, on les provoque aisément par un changement de position, par quelques pas rapides, par un exercice court et violent suivi de repos étendu. L'émotion semble agir de même, par l'intermédiaire de la vasoconstriction périphérique, et Vanyssek a connu un malade qui arrivait à provoquer sur lui-même *volontairement* des extrasystoles.

Certains sujets en ont surtout le matin au réveil, aussi longtemps qu'ils restent couchés ; elles cessent dès qu'ils prennent la position verticale. La toux les fait quelquefois apparaître ; de même, les inspirations profondes. Le travail physique ne provoque d'extrasystoles que chez les prédisposés, mais il les rapproche alors d'une manière évidente (Rehfisch).

La *période digestive* constitue, en général, le moment de la journée où l'on constate le plus aisément des extrasystoles. Toute digestion laborieuse, surtout après un repas absorbé à la hâte, ou comprenant une proportion trop forte de féculents, ou encore accompagné de trop abondantes ingestions liquides, provoquera leur apparition chez beaucoup de sujets. Le lait, pris le matin à jeûn, détermine quelquefois les mêmes effets. La constipation joue également un rôle favorisant.

Symptômes subjectifs accompagnant les extrasystoles. — Elles passent fréquemment inaperçues des sujets qui en sont porteurs. Il nous est arrivé à maintes reprises de constater des intermittences chez des malades qui venaient consulter pour des troubles d'un ordre tout différent, et qui n'avaient jamais rien remarqué d'anormal du côté de leur circulation.

Il nous est arrivé de recueillir, à ce propos les confidences de conjoints qui avaient remarqué, depuis de longues années, dans le silence de la nuit, ces intermittences ignorées des sujets qui les présentaient. La meilleure conduite à tenir en pareil cas est de ne pas attirer l'attention du malade du côté de ce symptôme, car il deviendra souvent difficile, par la suite, de l'empêcher de s'en préoccuper et de se créer alors de toutes pièces, des malaises subjectifs jusqu'alors inexistants.

Vaquez a remarqué que ces extrasystoles latentes se présentent surtout chez les hypertendus, et nous avons fait la même remarque dans la plupart des cas.

Lorsque le trouble du rythme est perçu, c'est, le plus souvent, sous la forme d'un choc précordial bref : cette sensation est caractéristique, et sa description précise entraîne le diagnostic. Dans d'autres cas, les malades viennent se plaindre de *palpitations*, et un interrogatoire minutieux permettra seul de se convaincre qu'il n'existe chez eux aucun des caractères classiques des crises de palpitations (accélération, augmentation d'intensité, caractère tumultueux des contractions cardiaques). L'analyse clinique montre qu'ils ont seulement des contractions prématurées suivies de pauses compensatrices.

Certains se plaignent surtout de l'intermittence elle-même, qui provoque chaque fois un léger vertige ou une angoisse passagère. D'autres n'éprouvent qu'une sensation incommode. La plupart accusent, par contre, le choc, soit qu'il précède la pause, soit, au contraire, qu'il la suive. On est parfois surpris qu'une contraction faible, comme l'extrasystole, puisse être ressentie aussi vivement : elle ne l'est en réalité, que parce qu'elle interrompt la régularité des chocs systoliques à la face profonde des côtes. On s'explique, d'autre part, que la systole qui suit l'intermittence, mettant en mouvement une ondée sanguine plus volumineuse qu'à l'habitude, puisse donner lieu à un choc précordial plus énergique.

En général, ces sensations désagréables finissent par s'atténuer. Elles peuvent même cesser par l'accoutumance, surtout quand le malade a été convaincu de l'innocuité de ce trouble.

Chez bien des sujets, appartenant surtout à la clientèle de ville (Vaquez), les extrasystoles peuvent toutefois aboutir à des troubles subjectifs persistants et même progressifs. L'imagination enrichit alors chaque semaine leur symptomatologie de quelques traits nouveaux : ce sont des battements épigastriques qu'accompagne un malaise, une anxiété subite, des bâillements ;

ou bien ce sont des sensations laryngées avec petites quintes de toux ; parfois des vertiges légers avec menaces de chute. Certains malades, sans percevoir chaque extrasystole séparée, éprouvent, lorsqu'elles se multiplient et se rapprochent, une sensation d'épuisement avec pâleur et traits tirés. D'autres restent éveillés, de ce fait, une partie de la nuit. Les prédisposés finissent par tomber dans un état hypocondriaque. Il semble que cet état de préoccupation incessante, l'habitude même prise par eux de sans cesse palper leur radiale, puisse arriver à rapprocher les extrasystoles. Le tableau clinique ne se modifiera que le jour où leur attention sera portée sur quelqu'autre viscère.

Pronostic des extrasystoles. — Leur présence ou leur absence, au cours d'une affection cardiaque, ne peut, à elle seule, suffire à établir le pronostic. Nous avons vu des cardiaques, tant valvulaires que scléreux, arriver à la mort sans avoir jamais présenté d'intermittences.

Tous les cliniciens sont également d'accord pour ne pas attacher d'importance aux extrasystoles habituelles des adolescents. Mackenzie a pu suivre de ces sujets jusqu'au seuil de la vieillesse, sans voir apparaître aucun signe alarmant du côté du cœur (1). Il est de toutes façons

(1) Peut-être cependant ces personnes sont-elles plus exposées que d'autres aux crises de tachycardie paroxystique. Il faut se souvenir que Keith a toujours pu

sage de ne pas attirer l'attention des jeunes gens sur leurs intermittences, particulièrement lorsqu'ils sont de souche névropathique.

Il faudra attacher plus d'importance aux extrasystoles qui apparaissent, entre 40 et 50 ans, chez les sujets qui n'en avaient pas présenté jusqu'alors. On doit considérer ce symptôme comme un signe avant-coureur de la sclérose du myocarde, tout en se rappelant que certains malades peuvent vivre ainsi des années sans aucun signe de faiblesse cardiaque.

Nous ne possédons d'ailleurs aucun traitement spécifique de l'extrasystole. On s'attachera surtout à rassurer les malades, à abaisser la pression artérielle si elle est élevée, à traiter la dyspepsie (repas modérés et fréquents ; mastication lente ; réduction des liquides pendant les repas, avec boisson à jeun ou une fois la digestion terminée ; attitude étendue après le repas de midi).

Chez les névropathes jeunes, on pourra essayer la quinine, le sirop d'éther. L'atropine (à la dose de 1 à 2 milligrammes) fait disparaître les extrasystoles, mais cette dose devrait être renouvelée tous les deux à trois jours. Les

---

mettre en évidence des lésions légères, mais constantes, du nœud de Tawara chez les malades que Mackenzie avait soignés pour des extrasystoles. Nous verrons que des lésions du même ordre se rencontrent chez les tachycardiques : un degré de plus aurait suffi peut-être pour déclancher les paroxysmes.

bains carbogazeux ont, dans un certain nombre de cas, une action nettement efficace. La digitale est ordinairement inactive, aussi longtemps qu'il n'y a pas d'insuffisance cardiaque. Lorsqu'existent les signes de cette dernière, on voit parfois la diurèse digitalique entraîner la disparition des extrasystoles, mais ce résultat est loin d'être la règle. Au contraire, chez les cardiaques avec arythmie complète, la digitale fait souvent apparaître le bigéminisme, même quand l'état fonctionnel du malade se trouve simultanément amélioré.

RYTHME BIGÉMINÉ

On désigne sous ce nom un trouble caractérisé par ce fait qu'une extrasystole se renouvelle régulièrement à la suite de chaque contraction normale, d'où constitution de couples de contractions dont chacun est séparé des couples qui précèdent et qui suivent, par une pause plus ou moins prolongée.

Quelquefois la systole normale est suivie de deux extrasystoles (rythme trigéminé), ce qui donne à l'oreille l'impression du *bruit de caille*, ainsi dit parce qu'il rappelle le cri de cet oiseau, que nos paysans imitent plaisamment en disant : « paye tes dettes » [1].

---

[1] Quelquefois même les extrasystoles sont au nombre de trois et même quatre (pouls quadrigéminé),

Le rythme bigéminé est associé souvent, mais non toujours, à la lenteur du pouls. Il faut, en effet, pour que le pouls paraisse lent, que les extrasystoles soient assez faibles pour ne pas provoquer de pulsations artérielles : le pouls est lent parce qu'il ne traduit que la moitié des contractions cardiaques. A l'auscultation du cœur, on perçoit l'extrasystole sous la forme de deux bruits, ou plus souvent d'un seul bruit surajouté. Lorsqu'il y a insuffisance mitrale, le souffle apexien n'est ordinairement perçu qu'à chaque contraction normale.

Conditions cliniques. — L'intérêt de ce phénomène réside surtout dans sa signification sémiologique. Il peut se voir dans des conditions assez diverses :

Traube, à qui l'on doit la première notion du pouls bigéminé continu, l'avait observé à la suite de l'*administration de la digitale*. C'était à l'époque où l'on donnait de très hautes doses de ce médicament (jusqu'à un gramme de poudre de feuilles). Lorain, dont la description est restée classique (1), administrait des doses moins éle-

se produisant en salves qui forment transition avec les crises de tachycardie. Aussi ces dernières devraient-elles théoriquement être étudiées à la suite du bigéminisme.

(1) « La lenteur du pouls, qui peut atteindre jusqu'à 32 pulsations par minute chez les sujets traités par la digitale, est connue de tous les observateurs ; mais ce que l'on sait moins, c'est qu'elle est plus apparente

vées, mais pendant plusieurs jours de suite. Il ignorait que la digitale appartient à la série des médicaments qui s'accumulent dans l'organisme et dont les effets se continuent après suppression pendant une dizaine de jours.

Chauveau a confirmé ces constatations cliniques, en provoquant le rythme bi et trigéminé chez le cheval soumis à l'administration de fortes doses de digitale.

Nous sommes encore mal fixés sur les conditions qui peuvent faire apparaître le bigéminisme chez les malades traités par la digitale. Il semble prouvé cependant que ce trouble n'apparaît, pour les doses habituelles, que chez des sujets préalablement en état d'arythmie complète. Aussi remettrons-nous l'étude complète du bigéminisme digitalique au chapitre consacré à cet état pathologique.

Le bigéminisme apparaît d'ailleurs au cours d'autres intoxications. Chatin et Guinard l'ont

---

que réelle. D'abord, elle n'est pas fixe ni stable, le moindre mouvement pouvant rendre le pouls plus fréquent d'un moment à l'autre. Une autre particularité plus importante est que, si l'on ausculte le cœur en même temps que l'on tâte le pouls, on est étonné de trouver les systoles cardiaques en nombre double des pulsations artérielles. Le doigt compte 32 pulsations et l'oreille 64 systoles du cœur, mais il est vrai que sur deux systoles, il y en a une forte et qui produit tout son effet ; l'autre faible et avortée qui produit un si faible déplacement du pouls que le doigt ne peut le sentir ».

constaté dans leurs recherches expérimentales sur certains *produits salicylés;* Cushny chez des chiens intoxiqués par *l'aconitine.* On cite aussi une observation de Lommel ayant trait à un rhumatisant traité par le salicylate de soude, mais il est évident qu'il faut faire intervenir, en pareil cas, l'association de facteurs morbides multiples. L'un de nous a observé un rythme bigéminé durable à la suite de la *chloroformisation* nécessitée par une intervention chirurgicale, chez un jeune homme précédemment tachycardique, nerveux à l'excès et épuisé par une suppuration prolongée.

C'est que les *états d'anémie, de cachexie, de neurasthénie* même, constituent des causes adjuvantes, d'autant plus efficaces pour l'apparition de ce trouble du rythme, qu'elles en sont parfois des causes suffisantes. Hyde Salter, Riegel, L. Bard ont signalé le bigéminisme chez des jeunes filles névropathes et anémiques. Il est alors généralement mobile et transitoire, apparaissant et disparaissant brusquement au cours d'une même auscultation, se modifiant sous l'influence des causes les plus diverses, particulièrement des émotions. Il est rappelé par les maladies infectieuses, la grippe principalement : chez un jeune homme que l'un de nous a longtemps suivi, il s'était manifesté à la suite d'une crise rhumatismale et une coqueluche l'avait fait reparaître.

Son pronostic n'a pas de gravité, et il finit par disparaître, à moins qu'il ne coïncide avec une maladie cachectisante et grave. C'est ainsi que Manheimer a pu le constater chez un mélancolique avec auto-intoxication intestinale. Dans deux cas de Bard, le rythme couplé était survenu peu de temps avant la mort : il s'agissait de cachectiques anémiés par la diarrhée de Cochinchine, et par une fièvre typhoïde prolongée.

Une autre cause de bigéminie cardiaque est l'ictère et spécialement l'*ictère catarrhal.* Le fait, a été bien étudié par Dufour dans deux observations : la bigéminie, qui n'a disparu qu'avec l'ictère, coïncidait avec de l'hypotension artérielle et un certain degré de dilatation cardiaque, chez des sujets préalablement touchés par le rhumatisme ou la variole. On peut en rapprocher les expériences de Feltz et Retter qui ont obtenu chez l'animal le même syndrome en injectant des sels biliaires après section des pneumogastriques et des sympathiques.

L. Bard admet même que la bradycardie ictérique n'est souvent qu'un rythme couplé méconnu, constatable sur les tracés jugulaires, d'ailleurs instable, et disparaissant souvent dans la position verticale. L'épreuve de l'atropine est toutefois le plus souvent négative.

Les recherches récentes de Piéry et Corbel semblent confirmer ces vues. Le rythme couplé ne se retrouverait que dans les ictères infectieux bénins, surtout net au voisinage de la convalescence ; il manquerait toujours dans l'ictère par obstruction.

Rythme bigéminé chez les cardiopathes. — Le bigéminisme s'observe, chez certains cardiopathes avec dilatation irréductible, en particulier chez les mitraux, soit d'une manière transitoire, soit d'une façon habituelle.

Il s'agit alors, en général, de *sujets atteints de double lésion mitrale*. Ainsi en était-il dans un cas de Henschen ; dans trois cas que nous avons observés en 1903 (1) ; chez un autre ma-

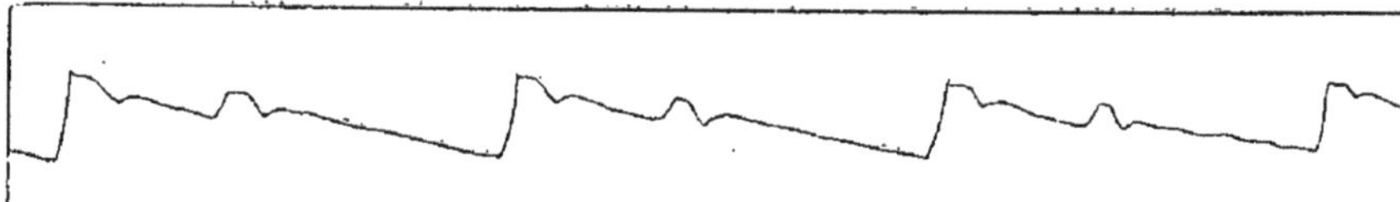

Fig. 15. — Pouls bigéminé continu chez un porteur de maladie mitrale (48 pulsations au repos en l'absence de toute thérapeutique, 9 janvier 1902).

lade que l'un de nous suit actuellement, et dont les tracés sont reproduits par les *fig.* 16 et 17 ; dans plusieurs cas de Norris ; dans un cas de Barié et Cléret. On peut même se demander si un certain nombre des cas publiés de bigéminisme par myocardite n'étaient pas, en réalité, des sténoses mitrales latentes. On sait que les signes d'auscultation de cette lésion sont profon-

(1) J. Heitz et Pouliot. — Tribune médicale, 29 décembre 1907, et Pierre Merklen. *Leçons sur les troubles fonctionnels du cœur*, Masson, 1908.

dément modifiés par l'arythmie, et dans un des cas dont nous avons eu la vérification nécropsique, le diagnostic de la sténose n'avait pu être fait avec certitude qu'après plusieurs semaines d'examen quotidien du malade.

La lenteur du pouls n'apparaît parfois que d'une manière transitoire, alternant avec un rythme normal. Chez un de nos malades, on constatait habituellement 48 au pouls, 96 à l'auscultation du cœur. Sous l'influence de quelques pas dans la salle, ou du simple passage à la position debout, le rythme s'accélérait à 80 au pouls comme au cœur, pour s'y maintenir plus ou moins longtemps. On voit qu'il ne faut pas s'attendre à voir le nombre des pulsations radiales doubler toujours exactement lorsque le bigéminisme disparaît : ordinairement, le rythme cardiaque normal est sensiblement inférieur au double des pulsations radiales perçues pendant la période de bigéminisme.

Chez d'autres mitraux, le bigéminisme apparaît, au contraire, chaque fois qu'on leur fait prendre la position horizontale. Norris a vu que la compression de l'abdomen pouvait faire apparaître le rythme couplé, lequel persistait aussi longtemps que la compression elle-même.

Ces crises transitoires de bigéminisme sont ordinairement conscientes ; elles s'accompagnent de malaises précordiaux, de longues sensations de vertiges.

Chez d'autres malades, les périodes de bigéminisme durent au contraire des semaines, des mois. L'installation du rythme anormal s'accompagne alors de faiblesse générale, et d'incapacité plus ou moins prononcée pour tout travail

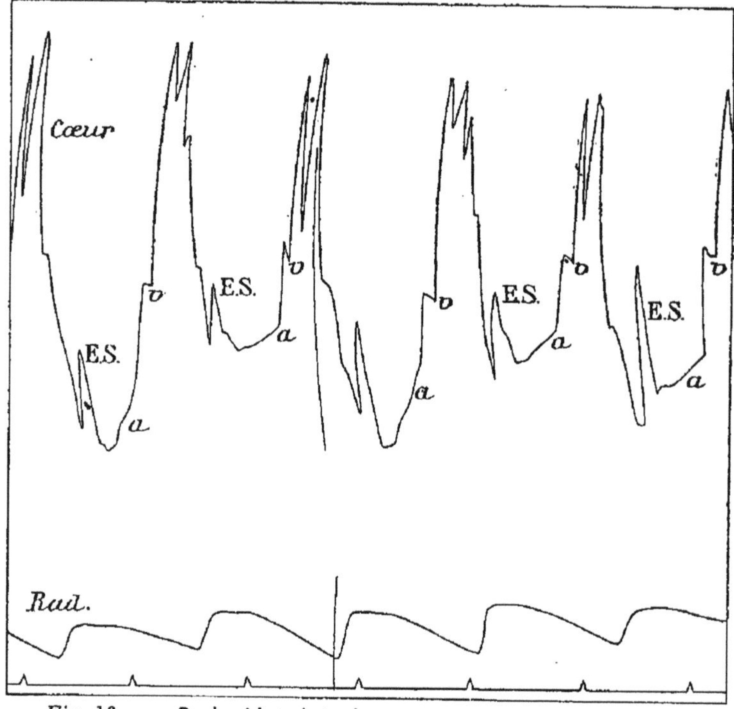

Fig. 16. — Pouls bigéminé chez un porteur de maladie mitrale d'origine rhumatismale (48 pulsations répondant chacune à un rythme couplé). Le tracé supérieur est celui de la pointe du cœur pris dans le décubitus latéral gauche : on note, pour chaque pulsation radiale, une onde *a* (correspondant à la contraction de l'oreillette), puis la grande élévation ventriculaire, enfin une extra-systole ES. L'espace *a*–*c* était normal sur le tracé jugulaire. Temps marqué en secondes (7 juillet 1909).

physique. Nous avons vu, d'un jour à l'autre, les urines tomber de 2 litres à 600 grammes et l'oligurie persister tant que le pouls ne s'était pas relevé. Il se produit aussi, en général, une augmentation de la matité cardiohépatique. Lorsque le bigéminisme se prolonge, on peut voir, sous l'influence des cardiotoniques, la diurèse reparaître et la capacité de travail augmenter peu à peu : le cœur semble s'adapter à sa nouvelle manière.

Pendant ces périodes de bigéminisme, on constate parfois des *syncopes*, surtout lorsque, les extrasystoles se multipliant, le nombre de

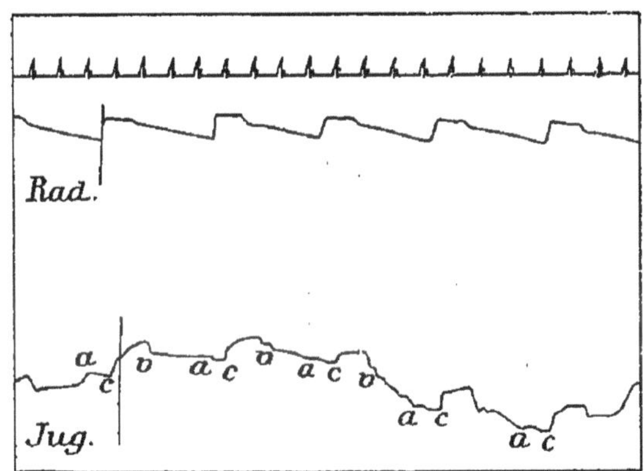

Fig. 17. — Même malade que *fig.* 16, avec pouls régulier à 76. Le tracé jugulaire montre l'espace *a-c* normal. Temps en 1/5 de seconde (23 avril 1910).

contractions efficaces devient insuffisant pour assurer l'irrigation cérébrale. Nous avons ainsi observé une faiblesse avec chute chez le malade de la *fig.* 15 à un moment où son pouls était tombé à 26. Tel autre, dont les tracés sont reproduits par les *fig.* 16 et 17, éprouva deux syncopes, l'une d'elles coïncidant avec le début d'une phase de bigéminisme, alors qu'il avait voulu néanmoins vaquer à ses occupations. Maixner, Ortner constatèrent aussi des syncopes dans des cas analogues. Ces accidents paraissent surtout fréquents dans la maladie mitrale, en raison sans doute de la réduction du débit sanguin déjà causé par la sténose orificielle.

Cette forme clinique de bradycardie se distingue aisément de la bradycardie par block auriculo-ventriculaire. Les extrasystoles se constatent avec la plus grande facilité, tant sur les tracés de la pointe que sur ceux des jugulaires. Le simple palper de la pointe et l'auscultation permettent d'ailleurs le diagnostic, en montrant, après chaque révolution normale, soit deux bruits en écho, soit un seul bruit surajouté (lorsque l'extrasystole n'a pas soulevé les sigmoïdes), quelquefois des bruits multiples lorsque les extrasystoles sont en série. Dans le pouls lent par block cardiaque, on n'entend, au contraire, aucun bruit dans l'intervalle des contractions ventriculaires.

De plus, les vertiges et syncopes sont rares dans la bradycardie bigéminée, et l'on n'y constate jamais de crises épileptiformes. Aussi le pronostic, tout en étant sérieux, reste-t-il infiniment moins grave que dans la bradycardie vraie, et la mort subite ne paraît pas encore avoir été signalée. On peut d'ailleurs espérer, par le traitement cardiotonique, faire disparaître, ou du moins espacer, les périodes de bigéminisme.

La *digitale* n'est pas, en général, contre-indiquée dans cette forme. A la condition qu'il diminue la dilatation cardiaque et qu'il augmente la diurèse, on se trouvera autorisé à poursuivre l'usage régulier de ce médicament qui, s'il ne fait pas disparaître le bigéminisme, maintiendra au moins la fonction cardiaque dans des conditions compatibles avec une certaine activité. L'un de nous a vu une syncope grave se produire chez un porteur de sténose mitrale

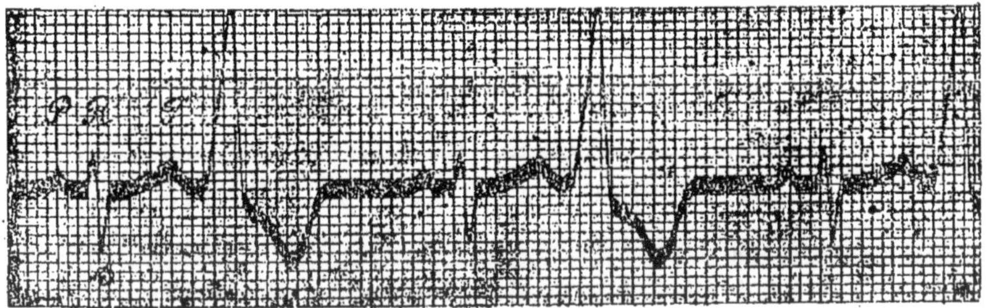

Fig. 18. — Électrocardiogramme du pouls bigéminé à 40 (Einthoven).

qui avait cru pouvoir se passer de sa béquille digitalique.

Nous estimons même que l'administration périodique de petites doses de digitale (1 à 2/10 de milligramme tous les huit jours), est susceptible de faire reparaître le rythme normal en même temps que de réduire très notablement la matité cardio-hépatique, et cela même lorsque le bigéminisme dure depuis plusieurs mois.

Certains auteurs, en particulier Zurhelle, ont soutenu, au contraire, que la digitale faisait apparaître le bigéminisme dans des cas où il n'existait pas auparavant, mais il s'agissait sans doute de sujets atteints d'arythmie complète du cœur, lesquels sont, comme nous le verrons, particulièrement disposé à cette réaction.

L'*atropine* a été recommandée par plusieurs auteurs. Elle a ramené le rythme à la normale dans un cas de Fellerbaum et Pollack et dans un cas de Norris. Ortner a vu diminuer les extrasystoles sous son influence, sans qu'elles aient cependant disparu entièrement. Barié n'a rien obtenu de cette médication.

La pathogénie du rythme bigéminé est assez difficile à préciser. Le *système nerveux central*, chaque fois qu'on a pu l'observer, a été trouvé intact, ainsi que les pneumogastriques (J. Heitz). Par contre, Henschen et nous-mêmes avons été frappés, à l'autopsie, de l'extrême dilatation des cavités cardiaques, et surtout de l'oreillette gauche. On pouvait penser que les extrasystoles avaient été en partie la conséquence de l'excitation de l'endocarde distendu, suivant le mécanisme réalisé dans les expériences d'Arloing.

Une autre théorie, qui s'est édifiée à la suite des expériences d'Hering et Rihl (production d'extrasystoles en série par piqûre du faisceau de His), tend à incriminer un état d'hyperexcitabilité de ce faisceau dû à des lésions légères de ce dernier. On a constaté, en effet, dans plusieurs observations (James, Ortner, Esmein, Norris) que les extrasystoles du bigéminisme étaient, en général, d'origine auriculo-ventriculaire. Or l'état anatomique de cette région du myocarde a pu être vérifié chez le malade de Barié et Cléret : le faisceau de His était isolé du reste du myocarde par une gangue scléreuse d'où partaient des travées pénétrant et dissociant ses éléments : cette lésion non destructive, mais irritative, agissait sur les fibres du faisceau à la manière de la piqûre expérimentale.

TROUBLES DU RYTHME PAR DIMINUTION DE L'EXCITABILITÉ DU MYOCARDE.

Nous sommes encore très peu fixés sur ce sujet. J. Hay a publié quelques cas de ralentissement arythmique du pouls, dû à l'absence, de loin en loin, de certaines contractions ventriculaires. On ne pouvait, dans ces cas, penser à un trouble de la conduction dans le faisceau de His, car l'espace *a-c* ne dépassait jamais 1/5 de seconde. Le manque de réponse du ventricule à l'impulsion venue de l'oreillette paraissait donc attribuable à un degré trop faible de l'excitabilité du myocarde.

CHAPITRE VI

ARYTHMIES PAR TROUBLE DE LA CONTRACTILITÉ

Ce trouble de la fonction cardiaque, un des plus graves dans ses conséquences, peut être aisément diagnostiqué, comme l'a montré Wenckebach, par la constatation du *pouls alternant*. Ce dernier se caractérise par la succession, à intervalles réguliers, de pulsations alternativement fortes et faibles. Le rythme reste régulier, sa seule altération consistant en l'inégalité de force des pulsations successives.

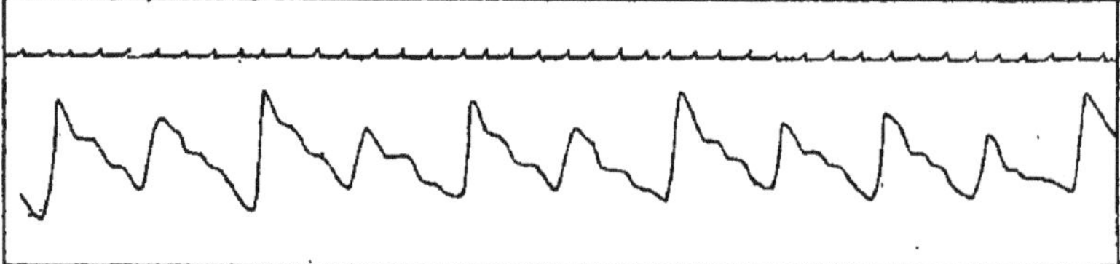

Fig. 19. — Pouls alternant (d'après Mackenzie).

L'alternance du pouls n'est perçue au palper que lorsqu'elle est très accusée. Elle ne se révèle le plus souvent que sur les tracés artériels (*fig.* 19). Le compas montre que l'intervalle entre les pieds des élévations successives est exactement le même. Dans certains cas cependant, il peut y avoir un léger retard de la petite pulsation, cette dernière se propageant plus lentement le long des artères. Ce caractère différencie nettement le pouls alternant du *pouls bigéminé*, où les petites pulsations (correspondant aux extrasystoles), sont toujours prématurées et suivies d'une pause allongée.

La différence entre les deux pulsations alternantes peut être plus ou moins accusée : il est toujours aisé de l'accentuer par quelques pas rapides, ou par l'ascension d'un escalier (Hering, Gossage). Mackenzie a saisi une occasion de mesurer leur pression systolique, et il a trouvé, au Riva Rocci, une différence de 20 millimètres Hg. Dans quelques cas, la petite pulsation est si faible qu'elle apparaît à peine, ou même pas du tout, sur le tracé radial. Ainsi en était-il dans un cas de J. Hay (*pouls lent par trouble de la contractibilité*).

L'examen du cœur peut montrer un affaiblissement du premier bruit une fois sur deux, mais la différence n'est réellement nette qu'en cas de souffle systolique (Hering). Sur les tracés de la pointe, on constate la même alternance, mais, chose curieuse, il n'y a pas toujours parallélisme avec le tracé radial : au contraire, la forte pulsation de la pointe correspond ordinairement à la pulsation radiale faible, et réciproquement

(Hering, Rihl et Volhard). Sur l'électrocardiogramme, on constate, à chaque contraction, les deux élévations normales R et T, par groupes alternativement forts et faibles. Les tracés jugulaires montrent les ondulations *a* et *c* avec leur espacement normal.

Au point de vue fonctionnel, le pouls alternant peut coïncider avec un cœur de dimensions normales, sans gros foie ni œdème. La tension est habituellement normale, ou même élevée. Mais la dyspnée d'effort manque rarement, et on note assez souvent des crises d'asthme nocturne.

Mackenzie a attiré l'attention sur la fréquence avec laquelle on rencontre le pouls alternant chez les angineux, surtout au moment des accès. Même constatation a été faite par Gossage. Nous pensons cependant qu'on ne peut établir de relation de cause à effet entre l'angor et l'alternance du pouls, et qu'il y a plutôt coïncidence de lésions aortiques et myocardiques de même origine.

Conditions étiologiques. — Elles sont nombreuses, le pouls alternant, sans être fréquent, étant certainement moins rare qu'on ne le croyait autrefois. Expérimentalement, on l'a vu apparaître dans l'intoxication par le chloroforme, l'aconine, l'acide glyoxylique, par certaines toxines microbiennes. Aussi n'est-il pas surprenant de le constater parfois au cours des paralysies diphtériques (Léon

Henry), de la pneumonie, de certaines septicémies (Hay). Le surmenage physique, les veilles prolongées, les soucis, les toux tenaces l'ont parfois provoqué lorsque le cœur était déjà faible. On l'a signalé vers la fin des crises du tachycardie paroxystique.

C'est enfin un signe relativement fréquent des dégénérescences scléreuses du cœur, surtout lorsqu'il y a coronarite. Mackenzie l'a vu apparaître chez un cardioscléreux de ses malades, chaque fois que la tension artérielle tendait à s'élever.

Pronostic. — Le pouls alternant est d'habitude transitoire, mais on l'a vu persister des jours et des semaines. Il peut disparaître pour un temps quelquefois très long, lorsqu'il avait été provoqué par le surmenage ou une intoxication. Il est, au contraire, destiné à reparaître fréquemment, une fois constaté chez un angineux ou chez un cardioscléreux, et l'on doit alors redouter une mort inopinée. Sur 7 malades porteurs de pouls alternant, Gossage en a vu deux mourir subitement, et l'autopsie montra une dégénérescence des coronaires.

D'une manière générale, le pronostic est d'autant plus grave que le pouls alternant a apparu avec un rythme moins rapide et que la petite systole se montre plus faible.

Les *formes frustes* de l'alternance présentent un très grand intérêt clinique. Mackenzie a vu, chez certains artérioscléreux (*fig.* 20), que les extrasystoles provoquaient parfois une

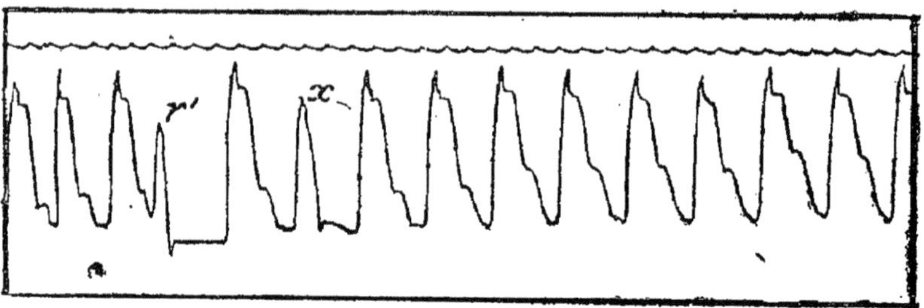

Fig. 20. — Alternance apparaissant en x après l'extrasystole r' (d'après Mackenzie).

ébauche de pouls alternant, en ce sens que la pulsation venant immédiatement après la pause

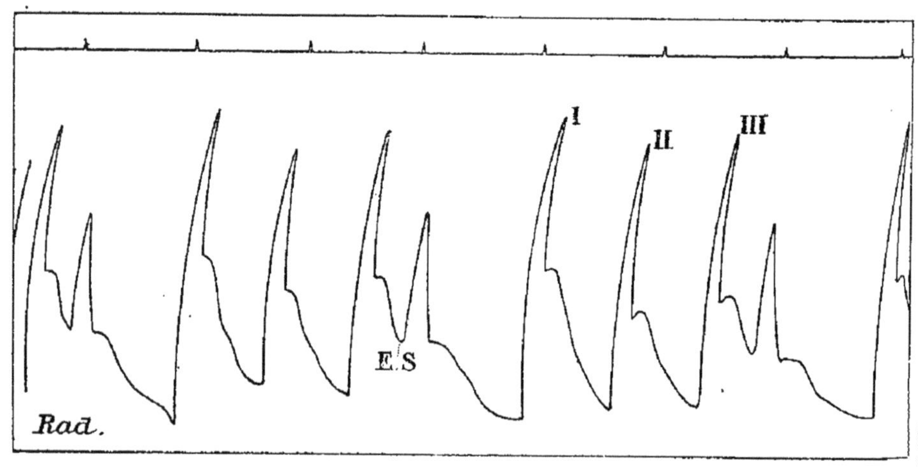

Fig. 21. — Tracé radial d'un malade angineux avec insuffisance aortique : les extrasystoles reviennent toutes les quatre pulsations, et les deux pulsations qui suivent montrent une alternance typique. Temps marqué en secondes (18 juin 1909).

était forte, mais que la seconde se montrait au contraire affaiblie, et parfois aussi la quatrième.

Le tracé de la *fig.* 21, que l'un de nous a prélevé chez un angineux, insuffisant aortique, montre que chaque extrasystole était suivie d'une alternance très nette. Il s'agissait d'un cas grave : la différence entre la pression systolique et diastolique était énorme et les crises angineuses se répétaient plusieurs fois par jour, souvent même pendant la nuit.

Pathogénie. — Selon Wenckebach et Hoffmann, la contractilité du myocarde, normalement épuisée après chaque systole, ne revient à son niveau antérieur qu'avec une certaine lenteur lorsque le myocarde est altéré. Il en résulte que cette propriété pourra se trouver insuffisante si la diastole est raccourcie. Ainsi en est-il à la suite de chaque contraction plus forte, et de ce fait plus longue : la contraction venant après cette diastole raccourcie, tronvera le myocarde non encore revenu à sa contractilité normale, et sera donç forcément plus faible. Mais elle sera aussi plus courte. d'où possibilité d'une nouvelle contraction forte, et alternativement.

Muskens a le premier supposé que, lors du petit battement, une partie des fibres du ventricule pouvait ne pas réagir à l'excitation. Hering, Galli, ont aussi soutenu cette théorie d'une asystolie partielle. En provoquant chez lé chien l'alternance par l'acide glyoxylique, Hering a vu se contracter successivement les fibres de la pointe, puis celles de la base des ventricules. Les tracés de la base, pris dans le 3e espace correspondaient parfaitement aux tracés radiaux, alors que les tracés de la pointe (5e espace) avaient leurs élévations maxima synchrones des pulsations faibles du pouls, et réciproquement.

Traitement. — Les malades qui présentent le pouls alternant sont surtout justiciables du *repos* prolongé. Le chloral peut leur être utile en cas d'hypertension.

Mackenzie, Gibson, Guilleaume ont montré que la *digitale* pouvait faire apparaître le pouls alternant. Mackenzie est d'avis que le fait peut coïncider avec une amélioration fonctionnelle, surtout en cas de dilatation cardiaque notable. Il semble toutefois préférable de s'abstenir de la digitale chez les scléreux, lorsque l'administration de ce médicament a provoqué antérieurement le pouls alternant.

CHAPITRE VII

TROUBLES DE LA CONDUCTIBILITÉ (BLOCK DU CŒUR).

Les troubles de la conductibilité peuvent porter sur le faisceau de His, ralentissant ou interrompant la progression de la contraction auriculaire vers les ventricules ; on dit alors qu'il y a *block auriculo ventriculaire.*

Nous avons vu que les contractions auriculaires continuent à se transmettre aux ventricules, même quand les communications entre ces deux parties du cœur ont été coupées, à l'exception du faisceau qui traverse le corps fibreux central du cœur. Wenckebach et His montrèrent que la section de ce faisceau rendait le rythme ventriculaire indépendant de celui des oreillettes. Aussi pouvait-on prévoir que chaque fois que l'on observerait sur le vivant de tels troubles du rythme, on trouverait à l'autopsie des lésions du faisceau auriculo-ventriculaire.

Le trouble de la conductibilité peut porter,

plus rarement, sur les fibres qui unissent le sinus aux oreillettes (*block sino-auriculaire*). La présence de ce dernier trouble n'a été que très rarement observée.

PRODUCTION EXPÉRIMENTALE DU BLOCK AURICULO-VENTRICULAIRE.

La description des troubles qui accompagnent toute gêne apportée expérimentalement à la conduction dans le faisceau de His a été faite d'une façon magistrale par Hering et par Erlanger.

A l'état normal, le temps qui s'écoule entre la systole de l'oreillette et celle du ventricule est exactement d'un cinquième de seconde. Si, chez l'animal vivant, on exerce une compression légère sur le faisceau de His, on voit d'ab rd ce temps s'allonger, puis toutes les huit ou dix révolutions, il manque une systole ventriculaire qui ne répond pas à l'impulsion des oreillettes. Si l'on augmente le degré de pression, l'intermittence ventriculaire se produit une fois sur 3, puis sur 2 contractions de l'oreillette : la transmission est « bloquée » en partie. C'est cet état que les physiologistes appellent *block incomplet*.

Si la compression est brusque, ou si l'on pratique la section du faisceau, le ventricule s'arrête instantanément de battre pour se laisser distendre passivement par le sang que chassent les systoles auriculaires successives. Au bout d'un temps variable qui peut atteindre 60 secondes, si l'animal n'est pas mort, le ventricule se remet à battre suivant un rythme tout à fait indépendant de l'oreillette, à environ 30-40 pulsations à la minute, tandis que les pulsations auriculaires continuent à se succéder à 100-120. C'est ce que l'on appelle la *dissociation auriculo-ventriculaire* ou *block complet.*

La contraction ventriculaire se fait, dans ce dernier cas, suivant le mode ordinaire, c'est-à-dire que les piliers se contractent avant le myocarde de la base (Hering). Le même auteur a montré que la destruction des branches inférieures du faisceau de His arrêtait ces contractions, ce qui indique bien qu'elles tirent leur origine de la partie de ce faisceau inférieure au point sectionné. L'électrocardiographie plaide dans le même sens, le tracé de la systole dissociée ne différant en rien de celui de la systole normale.

Erlanger a pu garder des chiens dans ces conditions, vivants pendant plus de 11 mois. Leur ventricule battait à 30-40, s'accélérant à peine lors des mouvements rapides ou des émotions, se ralentissant de loin en loin sous des influences diverses, avec production de crises syncopales ou épileptiformes. Ces animaux paraissaient d'ailleurs heureux et les jeunes augmentèrent de poids. Leur résistance à la fatigue était cependant diminuée. Ils moururent subitement les uns après les autres, pendant la nuit, et sans avoir présenté aucun symptôme prémonitoire. L'autopsie montra qu'ils avaient succombé à de l'œdème pulmonaire, et que le faisceau de His, chez tous, avait été entièrement détruit.

ASPECTS CLINIQUES DU BLOCK AURICULO-VENTRICULAIRE (SYNDROME DE STOKES-ADAMS).

La relation qui existe entre le ralentissement du pouls et les crises syncopales ou apoplectiformes qui l'accompagnent souvent a été mise en évidence par Adams et par Stokes. Le premier montra les caractères de ces attaques qui peuvent se répéter jusqu'à plusieurs fois par jour. Stokes les expliqua par la bradycardie et signala aussi que les battements visibles des jugulaires étaient habituellement plus nombreux que les pulsations radiales.

Mais c'est Chauveau qui, en 1885, démontra le premier, chez un malade, la dissociation auiculo-ventriculaire : au pouls et à la pointe du cœur, il enregistra 24 pulsations régulières ; mais sur les tracés de la pointe, apparaissaient, entre ces dernières, d'autres petites élévations, également régulières, et qui correspondaient aux contractions des oreillettes se poursuivant à 60-66, suivant un rythme indépendant de celui des ventricules. En 1893, Vaquez et Bureau présentaient à la Société de Biologie des tracés radiojugulaires d'un cas de dissociation complète. D'autre part, Wenckebachet His rapprochaient ces faits de ceux que l'on observe après séparation expérimentale des oreillettes et des ventricules. Mais la distinction des états de block partiel et de block complet ne fut faite en clinique qu'après les belles expériences de Hering et d'Erlanger. Mackenzie montra enfin qu'on pouvait mettre en évidence les troubles légers de la conduction du faisceau de His par la mensuration de l'espace *a-c* des tracés jugulaires. Cet espace s'allonge alors au-delà de 2/10 de seconde, jusqu'à atteindre 3/10 et même parfois le double du temps normal (*fig.* 4), et la constatation de cet allongement permet d'expliquer chez un malade les crises nerveuses passées, ou d'en prévoir le retour possible.

Crises nerveuses bradycardiques. — Dans les cas les plus simples, la crise nerveuse consiste en une simple *défaillance* avec ou sans vertige. C'est souvent à la suite d'un effort que le malade vient à ressentir du mal de tête, ou une grande faiblesse avec constriction thoracique. Voyant tous les objets tourner autour de lui, il cherche un point d'appui, mais l'accès se termine sans qu'il ait perdu connaissance.

D'autres fois, la crise va jusqu'à la *syncope*, débutant par une sensation de poids dans la tête et dans l'estomac, ou bien par un bruit de sifflement, de tonnerre, de vitres brisées ; subitement la face pâlit, les yeux d'abord fixes se convulsent, la tête se renverse légèrement en arrière, la respiration s'arrête et le malade tombe sans connaissance. Cela dure à peine une minute et, il revient à lui, pendant que la face rougit et se couvre de sueur.

Parfois la syncope est suivie de *convulsions épileptiques*, le malade perdant complètement conscience de ce qui se passe autour de lui. Quant il sort de sa crise, il met une demi-heure ou une heure à reprendre ses sens et à reconnaître les personnes qui l'entourent.

Enfin la crise peut revêtir les allures d'une *attaque d'apoplexie* qui, suivant la remarque d'Adams, ne diffère de l'apoplexie commune que par la répétition fréquente des attaques et l'absence de paralysie consécutive. Un de ses malades avait eu ainsi vingt attaques apoplectiformes en sept ans. Il tombait sans connaissance, la face cyanosée, la respiration stertoreuse, et il lui arriva de se blesser à cette occasion.

La gravité des crises dépend du degré de ralentissement du pouls et de la durée de la pause : les tracés d'Erlanger montrent qu'elles ne se produisent jamais qu'*après* espacement ou effacement des contractions ventriculaires. L'auscultation du cœur a montré le même fait à Belsky et à Esmein.

On doit donc admettre que ces crises sont dues, comme l'avait pensé Stokes, à l'anémie encéphalique qui, selon sa durée, détermine ou un simple vertige ou une crise épileptiforme. La ligature des carotides, la saignée à blanc (Kussmaul), le ralentissement expérimental du cœur (Rosenthal) ont permis de reproduire, chez l'animal, des convulsions qui ne se distinguaient en rien de celles de l'homme atteint du syndrome de Stokes-Adams.

Block auriculo-ventriculaire incomplet. Chez ces malades, la vitesse du pouls varie incessamment, atteignant 60-70 lorsque le trouble de la conduction est peu marqué, s'abaissant à 50-40 lorsque ce trouble augmente, du fait des intermittences, plus ou moins fréquentes selon les moments, de la systole ventriculaire (*fig.* 22). Aussi le pouls est-il à la fois lent et irrégulier (bradycardie arythmique des anciens auteurs).

L'auscultation montre, au moment des intermittences, une absence complète de tout bruit perceptible, ce qui permet de les distinguer des fausses intermittences dues à la production d'extrasystoles.

Le tracé radial présente parfois, comme l'ont montré Wenckebach et Vaquez, des groupements particuliers de pulsations qui rappellent les *périodes de Luciani*, que les physiologistes ont étudiées sur le cœur de grenouilles asphyxiées : l'intermittence y est précédée de 4 ou 5 pulsations décroissantes en durée (*fig.* 23).

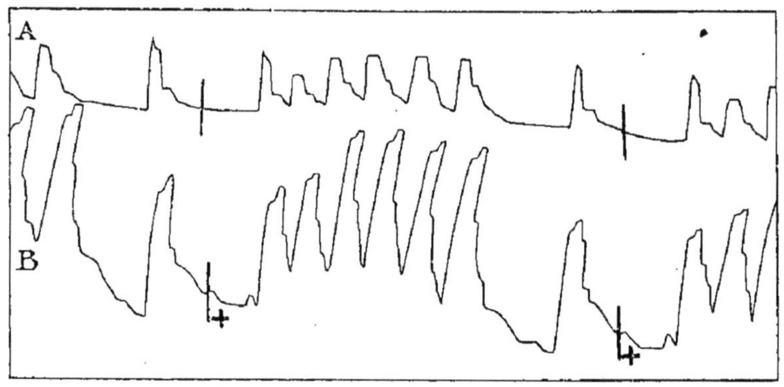

Fig. 22. — Pouls lent paroxystique à 40 avec crises convulsives (block incomplet) : en haut, tracé radial ; en bas, tracé jugulaire ; les croix indiquent les contractions auriculaires non suivies d'effet ventriculaire (d'après Vaquez et Esmein) (1).

Parfois cependant, le pouls est régulier aux environs de 30 : c'est alors que la gêne de la conduction est devenue telle que la systole ventriculaire ne se produit qu'à une contraction de l'oreillette sur deux. Le diagnostic de ces formes se fait sur des tracés combinés du pouls et des jugulaires : ceux-ci montrent un allonge-

(1) Nous tenons à remercier particulièrement notre ami Esmein qui a bien voulu revoir la plupart des tracés qui illustrent ce petit livre, nous prêtant, pour les interpréter, l'appui de sa compétence spéciale.

ment constant de l'espace *a-c*, et aussi, fait capital, que chaque systole ventriculaire continue à être en rapport avec une systole de l'oreillette, une intermittence se produisant, selon les cas et selon les moments, toutes les 10, toutes les 3, ou même toutes les 2 systoles auriculaires.

Si l'on injecte 1 à 2 milligrammes d'atropine, on constate à la vue, ou mieux encore sur les tracés, une grande accélération des pulsations

Fig. 23. — Tracé radial chez un malade présentant un pouls lent paroxystique (block incomplet) : on reconnaît des groupements formés de pulsations progressivement décroissantes en durée, et qui précèdent l'intermittence ventriculaire (périodes de Luciani) ; temps en secondes ; (d'après Vaquez et Esmein).

jugulaires. Quant aux contractions ventriculaires, leur nombre peut, selon les cas, s'élever de 20 à 25 ou rester presqu'immuable.

Les *crises nerveuses* sont fréquentes chez ces malades, et l'on peut même dire que leur absence constitue un cas exceptionnel. Elles sont habituellement provoquées par le passage momentané de l'état de block partiel à celui de block complet, ce qui se produit sous toutes les influences qui peuvent exagérer le trouble de la conduction. Ainsi en est-il lorsque s'accélère l'oreillette à la suite d'un effort, ou lorsque surviennent des excitations réflexes provenant des voies respiratoires ou digestives, par exemple dans la déglutition (Mackenzie). Le passage à l'état de block complet peut également résulter d'une congestion œdémateuse du faisceau de His. En tous cas, l'attaque cesse dès que la transmission auriculo-ventriculaire se trouve rétablie.

On rencontre l'état de block partiel chez des *vieillards artérioscléreux*, à gros cœur et rein insuffisant. L'affection s'est révélée un jour par une syncope plus ou moins grave à l'occasion de laquelle on a trouvé le pouls ralenti. Selon les cas, le trouble du rythme persiste, plus ou moins atténué entre les crises, ou ne se manifeste exclusivement qu'à l'occasion de ces dernières, précédant de quelques secondes l'éclosion des accidents nerveux (formes frustes de Huchard). Le malade vit, à partir de ce moment, dans des alternances de calme, qui coïncide avec l'absence de fatigues ou d'émotions, ou bien, au contraire, de crises rapprochées sous l'influence d'infections intercurrentes, de chocs moraux, d'abus d'alcool ou de table.

Les crises peuvent apparaître comme conséquence d'une recrudescence d'insuffisance rénale (Debove). Elles sont alors annoncées par la diminution des urines et des chlorures, quelquefois par des vomissements ou de la dyspnée continue. La mise au régime lacté, la déchloruration (Enriquez et Ambard), en même temps qu'elles font disparaître ces signes d'urémie, rétablissent une meilleure conduction du faisceau : le pouls revient à la normale et les crises nerveuses s'espacent pour quelque temps.

Un jour, le malade succombe dans une crise, à moins que la dissociation complète ne s'établisse définitivement, ce qui mène à une situation stable où les crises nerveuses ne se manifestent que d'une façon exceptionnelle. Mais on ne peut compter sur cette éventualité que si le malade est relativement jeune et résistant.

Un autre type de block incomplet se voit au décours de certaines maladies infectieuses : vers le quinzième jour d'une *angine diphtérique grave*, à la suite ou non de symptômes de paralysie du voile, on voit apparaître de la pâleur de la face, du refroidissement des extrémités, et, brusquement, le malade est pris de syncope. On constate alors que le pouls est à 40 ; il tombe en quelques jours à 25, à 20, régulier ou entrecoupé de pauses. Les malades se plaignent d'angoisse précordiale, phénomène précurseur des crises syncopales et épileptiformes, lesquelles peuvent se répéter plusieurs fois en 24 heures. La mort dans une de ces crises est la terminaison habituelle (L. Henry) au bout de deux ou trois jours, quelquefois dès le premier jour.

L'apparition des troubles de la conductibilité est également fréquente au cours du *rhumatisme articulaire aigu* (Magnus-Asleben, Mackenzie, Thomas). On note l'allongement de l'espace *a-c*, associé à des intermittences toutes les deux ou trois systoles auriculaires. Il est rare que les syncopes apparaissent : le pronostic est, au contraire, presque toujours bénin. L'épreuve de l'atropine est ordinairement positive, et tous ces troubles disparaissent peu après la défervescence. Gerhardt a cependant signalé un cas mortel par oblitération de l'artère du faisceau de His (endartérite rhumatismale).

Des troubles analogues ont été signalés au cours de la *grippe* (Wenckebach, Chauffard), de la *pneumonie*, de la *fièvre typhoïde*. Jellineck et Cooper ont observé un cas mortel, suite de *blennorrhagie*, et l'autopsie leur a montré une nécrose du septum et du faisceau de His. Même lorsque le malade guérit, il persiste des lésions légères qui pourront parfois évoluer vers la sclérose, et déterminer, au bout d'un certain nombre d'années, le tableau complet du syndrome de Stokes-Adams.

La *syphilis* est aussi une grande cause étiologique du block cardiaque, mais les troubles de la conduction ne se manifestent que longtemps après l'infection, et seuls les résultats du traitement permettent de diagnostiquer alors la cause première du syndrome. Il est d'ailleurs plus fréquent de voir chez les syphilitiques le tableau du block complet.

Block complet ou dissociation auriculo-ventriculaire. — Le tableau est, en général, très différent du précédent : le pouls est régulier, mais ne dépasse presque jamais 28 ou 34. Dans un cas cependant, où la dissociation fut prouvée à la fois par les tracés jugulaires et par l'électrocardiogramme, Vaquez et Esmein ont constaté 48 pulsations d'une manière habituelle.

La pression systolique est normale ou légèrement augmentée, mais la pression diastolique est très faible (pouvant tomber à 50 millimètres Hg). Les tracés radiaux ne portent aucune trace de dicrotisme (Oddo). On y constate, et mieux encore sur les tracés de la pointe du cœur, qu'il n'existe pas de systoles avortées entre les pulsations radiales, et l'auscultation du cœur montre un silence complet entre chacun des couples de bruits que provoquent les contractions ventriculaires.

Sur les tracés jugulaires, on constate une dissociation complète entre les systoles de l'oreillette droite et celles du ventricule gauche. On y note (*fig.* 24), à intervalles réguliers, des ondulations *c* suivies de *v* et synchrones des pulsations radiales. Se succédant aussi à intervalles réguliers, mais beaucoup plus fréquentes et sans lien aucun avec les ondes *c*, on distingue des ondes *a* d'inégale grandeur : elles sont hautes quand elles coïncident avec la systole ventriculaire, basses quand elles tombent dans la diastole.

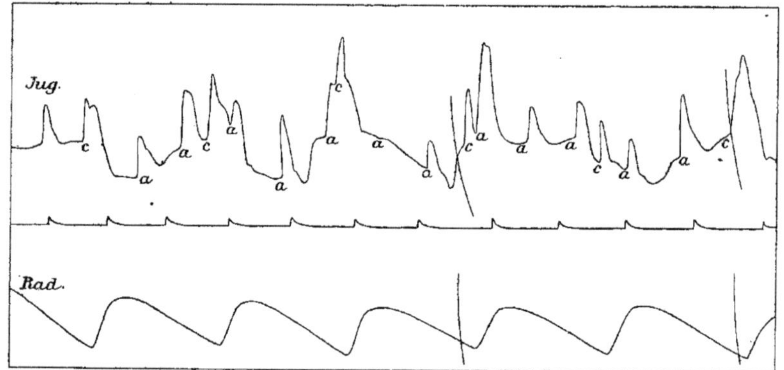

Fig. 24. — Pouls lent permanent à 30, par dissociation complète, chez un vieillard de 68 ans n'ayant jamais présenté de crises syncopales ni convulsives. Le tracé jugulaire porte des ondulations *c*, correspondant à chaque pulsation radiale, et un nombre trois fois plus fort d'ondulations *a* qui se suivent à intervalles réguliers et sans relation aucune avec les ondulations *c*, soit 96 systoles auriculaires par minute. Temps marqué en secondes (25 août 1909).

Des faits concordants ont pu être constatés par la radioscopie et par l'électrocardiographie : aucun rapport n'existe plus entre P (élévation auriculaire) et RT (tracé de la contraction ventriculaire). Comme les *a* du tracé jugulaire, les P sont beaucoup plus nombreux. Sur les tracés œsophagiens enfin, Rautenberg, Janowski, Clerc et Esmein, ont constaté une dissociation complète des systoles de l'oreillette gauche et de celles du ventricule du même côté.

Le nombre des pulsations radiales reste à peu près immuable, modifié peu ou pas par les mouvements, tandis que les oreillettes s'accélèrent comme chez un sujet normal. On constate parfois un synchronisme régulier des pulsations radiales et de l'inspiration (Lewis).

Le rythme du pouls peut se modifier quelquefois sous l'influence de la respiration de Cheyne-Stokes : le ventricule s'accélère alors pendant les phases dyspnéiques pour se ralentir pendant les pauses. L'apparition d'*extrasystoles ventriculaires* peut troubler aussi la régularité du rythme : elles paraissent surtout provoquées par les efforts physiques. Peut-être ces extrasystoles expliquent-elles les accélérations transitoires constatées chez le chien par Erlanger, chez le malade par Gossage.

L'*épreuve de l'atropine* est toujours négative ; les oreillettes s'accélèrent sans que le pouls s'en trouve le moins du monde modifié. De même, la compression du vague au cou ralentit les oreillettes, mais sans agir sur les ventricules.

La *capacité de travail du cœur* est presque toujours assez diminuée, la dyspnée apparaissant dès que l'exercice se prolonge. Ainsi en était-il chez notre malade dont le tracé est reproduit par la *fig.* 24. Plusieurs auteurs ont cependant connu des sujets qui, dans ces conditions, pouvaient fournir régulièrement un travail assez dur.

Les *crises nerveuses* sont le plus souvent absentes, mais l'interrogatoire des malades apprend presque toujours qu'il s'en est produit à une époque plus ou moins antérieure. Vaquez a montré que cette évolution est la règle, lorsqu'après une période plus ou moins prolongée de block partiel, le malade parvient au stade de dissociation complète. On rencontre cependant des sujets atteints de pouls lent et qui n'ont jamais présenté d'attaque d'aucune sorte : c'était le cas chez notre malade, et aussi chez plusieurs autres observés par Esmein, Bachman, James.

D'une manière exceptionnelle, on rencontre aussi des malades en état de dissociation complète et qui présentent des attaques de loin en loin. Wenckebach, Bachman, Gossage ont rapporté des cas semblables, mais ils n'ont pu obtenir de tracés au moment des crises. Or, seuls, ces tracés pourraient nous éclairer sur la cause de ces crises. On peut admettre, en se basant sur les constatations d'Erlanger chez le chien, que certaines d'entre elles sont en rapport avec les pauses de la respiration de Cheyne-Stokes, d'autres avec la production d'extrasystoles en série, trop faibles pour assurer l'irrigation cérébrale.

Pronostic des troubles de la conductibilité. — Il est relativement bénin lorsqu'il y a seulement allongement des espaces *a-c*, et même en cas d'intermittences espacées. Il est très sérieux, au contraire, chaque fois qu'il se produit des syncopes, surtout si elles tendent à se multiplier, et si elles ne cèdent pas au repos allongé. La mort surviendra dans une de ces syncopes, et il faut savoir qu'elle peut suivre de simples défaillances (Potain). On a vu, par contre, des malades encore vivants après des années de block partiel sans cesse coupées par des accidents nerveux plus ou moins graves. Le calme n'arrive que lorsque s'établit la dissociation complète, mais c'est après un laps de temps impossible à prévoir au début de la maladie.

Les syncopes disparaissent également lorsque le rythme normal reparaît, comme cela se voit quelquefois pour des périodes de plusieurs mois, lorsque se résolvent les congestions œdémateuses ou les infiltrations nodulaires localisées sur le faisceau de His.

Ces sédations spontanées sont rares, mais la thérapeutique peut les obtenir avec une certaine fréquence chaque fois qu'il s'agit de syphilis. C'est dans ces cas que l'on a pu voir guérir des pouls lents permanents ayant résisté à l'épreuve de l'atropine (Erlanger, Ramond et Lévy-Bruhl, Rénon). Si la syphilis n'est pas en cause (et l'on doit toujours tenter l'épreuve du traitement), on éloignera souvent les crises par le repos allongé, l'alimentation fractionnée et déchlorurée, la restriction des liquides.

Quant aux malades atteints de dissociation complète, ils peuvent mourir exceptionnellement par syncope, mais ils succombent plus souvent à la faiblesse cardiaque avec anasarque. On constate alors une particularité notée pour la première fois par Mackenzie : les tracés jugulaires ne portent plus que la seule trace de contractions ventriculaires (à savoir les ondes *c* et *v*) : les ondes *a* ont toutes disparu ou du moins ne se manifestent que de loin en loin. Cet état de parésie auriculaire semble en rapport avec l'état d'insuffisance cardiaque (Esmein) (1).

Action de la digitale. — Cushny et Mackenzie ont montré que la digitale, administrée à

---

(1) Mackenzie avait décrit cet état sous le nom de *bradycardie nodale* : ce terme ne peut plus être conservé depuis que Lewis a constaté, par l'électrocardiographie, que les oreillettes, loin de se contracter avec les ventricules sous l'impulsion du nœud de Tawara, comme le pensait Mackenzie, étaient au contraire en fibrillation. Nous reviendrons sur cet état des oreillettes au chapitre de l'arythmie complète.

un sujet présentant déjà des troubles de la conductibilité (allongement de l'espace *a-c*), pouvait augmenter ces troubles, en faisant apparaître des intermittences répétées.

Le fait a été vérifié par Gibson, Hewlett, Esmein. Il semble donc qu'il y ait danger à donner de la digitale à ces malades, car on risque de provoquer de la sorte une syncope mortelle.

Cette contre-indication de la digitale ne s'étend pas cependant aux sujets qui présentent le block complet. La digitale peut même leur rendre de grands services lorsqu'ils sont en état de dilatation cardiaque : les œdèmes se résorbent, la matité cardiaque diminue, les troubles fonctionnels s'effacent. Mais le pouls reste toujours invariable à 30.

D'après Bachman, le *strophantus* présenterait les mêmes contre-indications en cas de block partiel, la même utilité en cas de block complet avec dilatation cardiaque.

CONSTATATIONS ANATOMO-PATHOLOGIQUES

Aux autopsies de leurs malades, Adams et Stokes ne trouvèrent que de la dégénérescence graisseuse du cœur. Les auteurs qui voulurent vérifier ces faits furent souvent dans l'impossibilité de relever aucune altération cardiaque, et c'est à leur suite que Charcot fut amené à placer hypothétiquement dans le bulbe le siège de la lésion causale. Il rapprocha les cas de pouls lent transitoire signalés lors des fractures des vertèbres cervicales d'une observation d'Halberton qui, à l'autopsie d'un cas de pouls lent permanent, avait rencontré un rétrécissement, suite de fracture, du trou occipital : ainsi fut édifiée la théorie bulbaire, d'après laquelle la bradycardie pourrait être due à un trouble localisé au centre bulbaire des nerfs pneumogastriques (ischémie par athérome, compression, dégénérescence cellulaire par toxines ou poisons).

Cette théorie n'expliquait cependant pas les recrudescences bradycardiques qui se produisent lorsque le cœur vient à s'affaiblir. Aussi Huchard fut-il amené à proposer une théorie mixte : l'artériosclérose frapperait simultanément le cœur et le bulbe, et les paroxysmes seraient sous la dépendance de l'ischémie bulbaire qui s'exagère quand le cœur faiblit.

Les choses en étaient là, lorsque les découvertes physiologiques amenèrent Wenckebach et His à localiser, dans le faisceau auriculo-ventriculaire, la lésion qui cause la bradycardie. On rappela, à ce propos, des autopsies anciennes de Rendu et de Massary, de Sendler, où avaient été notées des lésions du septum. Puis vinrent les autopsies, avec examen histologique du faisceau, de Stingler (1905), Schmoll, Hay, Gibson, Aschow (1906). L'observation de Vaquez et d'Esmein (janvier 1907), apporta pour la première fois, avec la relation de lésions du faisceau de His, un examen histologique négatif du système nerveux. Ces faits se sont depuis multipliés, et l'on peut dire que, dans tous les cas de dissociation complète publiés jusqu'à ce jour [1], la démonstration a pu être faite de lésions profondes du faisceau auriculo-ventriculaire. Il en a été de même dans tous les cas de block partiel ayant résisté à l'atropine.

Quant à la nature des lésions, elle était extrêmement variable, ce qui montre bien qu'ici la localisation prime tout : on a relevé fréquemment des gommes ; souvent aussi une sclérose diffuse du faisceau (chez des artérioscléreux ou

---

[1] Le faisceau de His était normal dans un cas de Heinecke, Müller et V. Hösslin. Mais le pouls s'accélérait par l'atropine, et se ralentissait par compression du vague : on peut donc admettre qu'il s'agissait, dans ce cas, d'une bradycardie nerveuse. Dans un cas de Gibson, le faisceau paraissait normal, mais le cœur était dans un état de putréfaction trop avancée pour qu'il fût possible de l'affirmer en toute certitude.

Les lésions pourraient d'ailleurs, à condition d'être multipliées et de porter sur la plus grande partie des fibres de Purkinje, provoquer le block du cœur tout en épargnant le faisceau de His proprement dit. Nagayo a rapporté un cas de cet ordre ; mais, pour diverses raisons, son observation ne peut pas être considérée comme démonstrative.

des athéromateux de l'aorte) ; on a vu également des infiltrations leucocytaires d'origine rhumatismale (Aschow), la dégénérescence graisseuse ou cireuse du faisceau, ou encore l'infiltration graisseuse de ce même faisceau (Bergé et Pelissier), la thrombose de l'artère qui lui est propre (Gerhardt), un nodule cancéreux (Fahr). Enfin la cloison interventriculaire était absente dans un cas de Van den Heuvel.

TROUBLE DE LA CONDUCTION AURICULO-VENTRICULAIRE PAR LÉSION IRRITATIVE DU NERF VAGUE.

Nous avons vu que l'excitation expérimentale du vague peut provoquer un ralentissement transitoire du pouls. Un petit nombre de faits bien observés montrent que des lésions du tronc d'un ou de deux pneumogastriques ont pu provoquer, pendant la vie, de la bradycardie avec ou sans crises syncopales ou épileptiformes. Ainsi en était-il dans les cas de Heine, de Stockler, de Masoin, de Danielopoulu. Dans d'autres cas, c'étaient les noyaux bulbaires qui étaient atteints, comme chez le malade de Neuburger et Edinger ; ou la masse encéphalique, dans les deux cas de Brissaud. Malheureusement, aucune de ces observations ne comprend de tracés jugulaires qui permettent d'affirmer un trouble de la liaison des contractions des oreillettes et des ventricules. L'état du faisceau de His n'y a d'ailleurs pas été vérifié à l'autopsie.

Des tracés existent dans une observation récente d'Esmein : ils indiquent un état de block partiel, avec manques intermittents de systoles ventriculaires. Mais ces manques se combinaient avec un ralentissement *sinusal*, c'est-à-dire portant sur l'ensemble des cavités auriculaires et ventriculaires. Le pouls ne descendit jamais au-dessous de 40, ce qui explique que le sujet ne présentait que des syncopes relativement légères. La radioscopie montra une compression ganglionnaire du vague.

Au total, le diagnostic de l'origine vaguale ou intracardiaque des bradycardies peut se faire d'après les caractères suivants :

Dans le premier cas, le ralentissement n'est jamais très prononcé ; il n'est pas non plus permanent, mais on constate quotidiennement des retours plus ou moins longs du rythme normal, en particulier sous l'influence des mouvements rapides ; pendant ces périodes de rythme normal, il existe souvent de l'arythmie respiratoire ; la compression du vague au cou augmente le ralentissement ; enfin l'épreuve de l'atropine fait disparaître la bradycardie. Dans le cas d'Esmein, un milligramme d'atropine faisait passer le pouls de 44 à 96.

BLOCK SINO-AURICULAIRE

Ce trouble a pu être provoqué expérimentalement par Erlanger et Blackman sur le cœur isolé du lapin.

Le block sino-auriculaire a pu être diagnostiqué chez le chien vivant par Hering et, chez l'homme, par Wenckebach et par Hewlett (1907). Chez le malade de Wenckebach, les tracés jugulaires montraient une série de périodes caractérisées par l'allongement progressif des intervalles entre les contractions successives de l'oreillette jusqu'à l'absence de l'une d'entre elles : en un mot, le rythme des oreillettes était tout à fait comparable à celui des ventricules en cas de block auriculo-ventriculaire partiel. L'absence de systole auriculaire devenait elle-même cause d'une pause de deux contractions ventriculaires successives.

On doit donc soupçonner ce trouble très spécial de la conductibilité chaque fois que l'on se trouve en présence de cycles réguliers de pulsation radiales, coupées de loin en loin par des pauses doubles de l'intervalle normal.

CHAPITRE VIII

ARYTHMIE COMPLÈTE

L'arythmie complète ou désordonnée (*delirium cordis des anciens, folie du cœur de Bouillaud*) est caractérisée par des variations continuelles et irrégulières du nombre, des intervalles, et de la force des contractions cardiaques.

Le *tracé radial* permet de constater ces caractères, et aussi qu'il n'y a aucune de relation entre la *hauteur des pulsations* et la *longueur des pauses qui les précèdent*. Il montre souvent des salves de pulsations petites et précipitées, de temps en temps interrompues par des intermittences ou par quelques battements forts et ralentis. Toutes ces variations du rythme n'ont aucun rapport avec les phases de la respiration. Quant à la vitesse moyenne du rythme, elle est variable, ordinairement un peu accélérée (100 à 110), mais il faut savoir que certaines contractions ventriculaires peuvent ne pas donner lieu à un soulèvement artériel. L'accélération est telle parfois qu'il s'agit d'une véritable tachycardie, laquelle devient extrême sous l'influence de l'exercice physique ou de l'émotion : le nombre des contractions dépasse alors 150, le pouls radial devient presque insaisissable, le sphygmo-

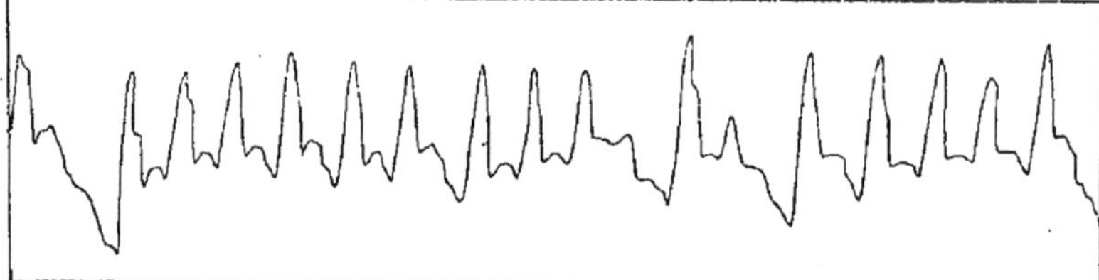

Fig. 25. — Tachyarythmie complète chez un artério-scléreux.

graphe ne donne plus qu'une ligne à peine ondulée, tandis que le choc et les bruits du cœur restent encore plutôt intenses.

L'accélération du rythme n'est cependant pas un caractère nécessaire de l'arythmie complète,

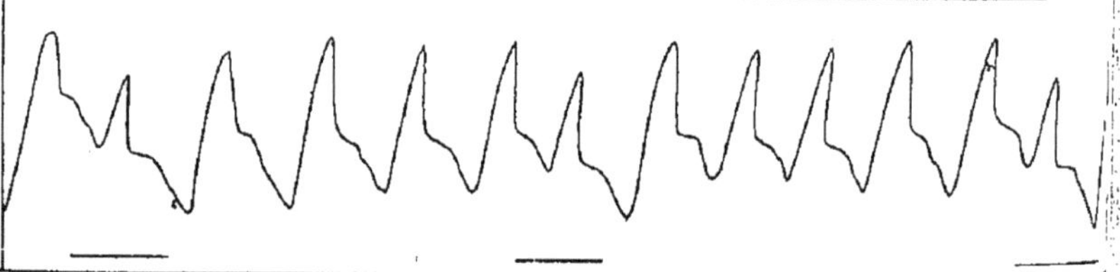

Fig. 26. — Arythmie complète avec quelques couples bigéminés.

la vitesse du rythme pouvant être normale ou même ralentie (Hewlett a constaté cette arythmie avec 55 battements cardiaques). Avec une vitesse normale, l'irrégularité est habituellement peu marquée, mais il est toujours aisé, sur les tracés, de constater des différences de longueur entre les pulsations successives, même lorsque ces différences ne sont pas perceptibles au palper. Il n'est jamais possible de superposer exactement deux fragments de tracés. On peut d'ailleurs, comme l'a montré Hewlett, rendre plus manifeste l'irrégularité, en exigeant du malade un léger effort physique.

C'est dans des cas semblables que l'on remarque, avec le plus de netteté, des couples bigéminés comme ceux de la *fig.* 26. Ces couples ont toujours été considérés comme liés à la production d'extrasystoles, mais la réalité de ces dernières n'a été démontrée que par les recherches électrocardiographiques de Lewis.

Les *tracés jugulaires* permettent de constater des caractères importants : le pouls veineux est *ventriculaire*, c'est-à-dire que tous les accidents sont contemporains de la période systolique cardiaque. Le fait avait été expliqué jusqu'à Mackenzie par la coexistence d'une insuffisance tricuspidienne. Or, cet auteur montra, en 1902, que cette dernière était loin d'être constante dans l'arythmie, la forme spéciale du tracé tenant avant tout à l'absence de toute contraction auriculaire perceptible. L'ondulation *a*, en effet, a disparu, alors qu'elle persiste dans nombre de cas d'insuffisance tricuspidienne.

Cette absence constante de l'onde *a* sur les tracés jugulaires, en cas d'arythmie complète, a été confirmée depuis par Gerhardt, Hering, Hewlett.

Cependant Hoffman dit avoir vu l'ondulation *a* présente dans quatre cas d'arythmie complète. Esmein l'a retrouvée de loin en loin sur les tracés jugulaires de certains malades, en particulier dans des cas de sténose mitrale.

En général cependant, les tracés jugulaires ne montrent que deux ondulations *c* et *v* (*fig.* 27),

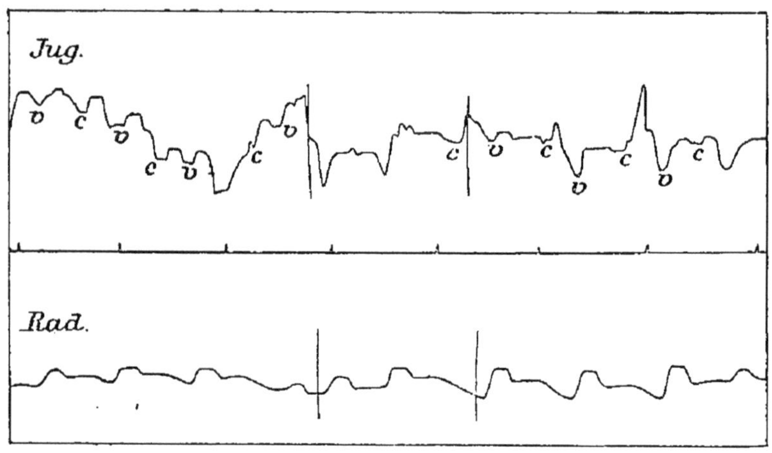

Fig. 27. — Arythmie permanente ayant succédé à des crises nombreuses d'arythmie paroxystique chez un homme de 47 ans. Le rythme qu alteignait autrefois 130 ne dépasse plus 84, mais le tracé jugulaire montre l'absence de l'onde *a* (11 juillet 1909).

quelquefois réunies, surtout dans les cas anciens, en un large plateau systolique par disparition de la dépression *x*. On note alors une seule ondulation *cv*, et la dépression *y*.

L'étude des *tracés œsophagiens* a montré également à Joachim, à Rautenberg, à Pace, l'absence de l'ondulation auriculaire normale.

Clerc et Esmein l'ont constaté de même, quoiqu'ils aient noté, chez un de leurs malades, quelques ondes à peine ébauchées.

L'*auscultation* permet de constater, au milieu des contractions fortes qui sont suivies de pulsations artérielles, un nombre plus ou moins considérable de contractions faibles, qui ne sont pas suivies de second bruit parce qu'elles ne soulèvent pas les sigmoïdes aortiques.

Le souffle d'insuffisance mitrale n'est habituellement perçu que lors des contractions fortes, souvent précédé alors par un choc précordial plus ou moins violent. En cas d'insuffisance tricuspidienne, on ne constate de souffle xyphoïdien que lorsque le rythme est suffisamment lent. Le diagnostic de cette lésion ne peut être fait, dans la majorité des cas, que par la constatation de pulsations hépatiques synchrones de la systole cardiaque.

Mais c'est surtout en cas de sténose mitrale que les signes d'auscultation se trouvent modifiés. Le souffle présystolique, qui est lié, comme chacun sait, à la contraction auriculaire, disparaît au même titre et en même temps que l'ondulation *a* (Mackenzie). Il en résulte que le souffle diastolique se termine un peu avant le premier bruit, et sans renforcement présystolique. Le diagnostic du rétrécissement mitral devient, de ce fait, assez délicat, et la lésion valvulaire peut alors passer inaperçue même des meilleurs cliniciens. Cette disparition du souffle présystolique chez les sténosés mitraux qui tombent dans l'arythmie complète, a été vérifiée par Hewlett. L'un de nous l'a constatée de même chez les malades du service du Dr Vaquez : les tracés jugulaires prélevés en pareil cas ne portaient pas d'ondulation *a*, ou du moins celle-ci n'apparaissait-elle qu'ébauchée de distance en distance.

Un caractère important de l'arythmie complète est son *irréductibilité*, qui fait qu'une fois installée elle persiste avec des variations de degrés (surtout en ce qui concerne la vitesse du rythme), mais sans céder à l'action du repos, ni même des cardiotoniques. Telle est la raison qui a fait créer par Hering le terme de *Pulsus irregularis perpetuus*, bien que cet auteur ait reconnu depuis que, dans certains cas, l'arythmie pouvait être transitoire.

On doit donc distinguer un type d'arythmie transitoire ou paroxystique, et un type permanent : ces deux types présentent, d'ailleurs, une identité complète de signes physiques, une pathogénie et sans doute une anatomie pathologique communes.

ARYTHMIE PAROXYSTIQUE

Cette forme d'arythmie semblait relativement fréquente, alors que les médecins n'avaient pas encore les moyens d'analyser avec précision les caractères différentiels des variétés d'arythmies. C'est ainsi que l'on a décrit sous le nom d'arythmie paroxystique : chez l'enfant, certaines arythmies respiratoires ; chez les vieillards, de simples crises extrasystoliques ou des crises tachycardiques entrecoupées d'extrasystoles, parfois aussi d'intermittences vraies (par block partiel auriculo-ventriculaire). A l'heure actuelle, on ne peut affirmer le diagnostic d'arythmie paroxystique, que lorsque les tracés montrent, avec l'absence de l'ondulation *a*, une inégalité constante de la durée des contractions successives et aussi l'absence de toute relation entre la hauteur des pulsations et la longueur des pauses qui les précèdent. Il est bon de s'assurer enfin de l'absence de toute relation entre les irrégularités et les phases de la respiration.

Conditions cliniques. — Nous avons connu un malade dont les crises ont débuté à 32 ans ; un autre qui eut sa première crise à 20 ans. En général cependant, les crises paroxystiques n'apparaissent que vers 50 ans, chez des malades aux premiers stades de l'artériosclérose, quelquefois des valvulaires (surtout mitraux). Nous avons pu toutefois constater ce trouble dans un cas d'insuffisance aortique. Les crises éclatent parfois chez des sujets en apparence indemnes de toute affection cardiaque. Vaquez a constaté trois fois leur coïncidence avec une tumeur du corps thyroïde. Belzki les a vues survenir au cours de certaines maladies infectieuses, comme la fièvre typhoïde, la scarlatine, le rhumatisme articulaire aigu. Nous les avons vues dans la grippe; Lewis, chez un malade atteint d'endocardite streptococcique.

Quant aux causes susceptibles de provoquer les accès, elles sont extrêmement variables. Ce peuvent être des efforts physiques, la défécation ou la surcharge gastrique (Fr. Müller). Ce peut être surtout l'émotion, comme nous en avons vu des exemples typiques. Chez un de nos malades, les crises débutaient toujours en plein sommeil.

De toute manière, le début est brusque : le rythme devient subitement irrégulier, et souvent, au moins lors des premiers accès, simultanément tachycardique. En même temps apparaissent des symptômes subjectifs, le plus souvent très prononcés (malaises précordiaux ; palpitations précordiales, cervicales ou épigastriques ; pâleur; douleurs irradiées dans la zone cubitale gauche). Chez les névropathes, les accès se compliquent de sensations d'évanouissement, de contractures des extrémités. Le sommeil est troublé et, en même temps, certains malades sont plongés dans une prostration qui leur interdit absolument de quitter le lit. Le tableau peut être alors très impressionnant pour le médecin qui y assiste la première fois : chez un insuffisant aortique que nous avons connu, tous les médecins appelés pendant l'accès avaient prédit une mort imminente.

D'autres malades peuvent, au contraire, aller et venir, ne présentant qu'une incapacité de travail un peu diminuée et un essoufflement plus facile. Il est rare d'ailleurs qu'il existe une véritable dyspnée. Un de nos malades a cependant montré des signes de dilatation cardiaque au cours d'une crise à la suite de laquelle le rythme resta définitivement irrégulier.

Après un temps qui peut aller de quelques minutes à plusieurs jours, le rythme normal se rétablit de la même manière brusque qu'il avait cédé la place à l'arythmie. Les longues crises se terminent parfois pendant le sommeil. Par contre, certains malades nous ont affirmé avoir senti le rythme normal revenir pendant qu'ils marchaient dans leur chambre, ou même qu'ils gravissaient une pente. La plus longue crise constatée par nous fut de dix-sept jours.

Dans l'intervalle des crises, on constate parfois des intermittences, mais, en général, le cœur est tout à fait régulier, et son auscultation normale Dans l'un et l'autre cas, le malade est capable, la crise terminée, de marcher et de faire des efforts sans qu'il en résulte une réaction différente de celle d'un sujet normal. Nous avons vu des malades, peu de jours après un accès effrayant en apparence, faire des ascensions de montagne, ou se livrer à des exercices de sports, sans rien éprouver du côté de leur cœur.

Évolution. — Dans la majorité des cas, la durée des crises, très inégale d'une fois à l'autre, tend à s'accroître avec leur répétition. En même temps, les phénomènes subjectifs, parfois très marqués au début, s'atténuent au point que le malade ne s'aperçoit presque plus de la fin de ses accès. Un jour, l'arythmie devient continue, ce que les malades expriment en disant que « leurs crises se sont soudées ».

Cette évolution, que nous avons observée chez trois de nos malades, a été également constatée par Hewlett dans un de ses cas, et par Vaquez. Il faut bien savoir que le passage à l'arythmie complète ne survient souvent que tardivement. Un de nos malades, dont les crises avaient débuté à 20 ans, ne devint arythmique permanent qu'à 53 ans. Dans un autre cas, l'arythmie était devenue complète neuf ans après le début de l'affection, et cet état persiste actuellement depuis six ans. Un autre sujet, dont les crises ont débuté à 53 ans, a vu l'arythmie devenir permanente à 61 ans, à la suite d'une grippe, et il est resté arythmique depuis sept ans. Fait très particulier, le passage à l'arythmie complète s'est accompagné, chez ces trois malades, d'une amélioration fonctionnelle évidente. Ils n'ont plus à craindre maintenant d'être arrêtés dans leurs occupations par ces crises pénibles qui, chez l'un d'eux, avaient failli provoquer la dilatation du cœur. Ils peuvent de nouveau voyager. Nous les avons vu supporter maintes fatigues, des émotions parfois cruelles, en n'accusant que, de loin en loin, quelques palpitations

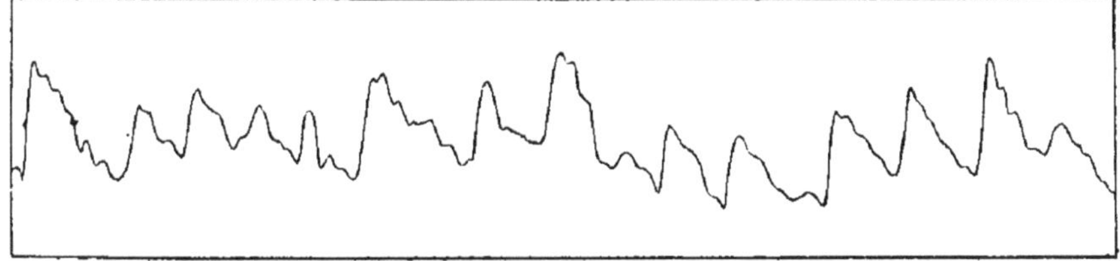

Fig. 28. — Arythmie paroxystique chez une vieille femme de 70 ans : tracé radial pendant une crise prolongée (29 juin 1905).

nocturnes avec légère accélération du rythme. Ces troubles, qui peuvent durer une heure ou deux, ne tardent pas d'ailleurs à faire place à l'état d'arythmie modérée qui ne les empêche pas de mener leur existence habituelle assez active.

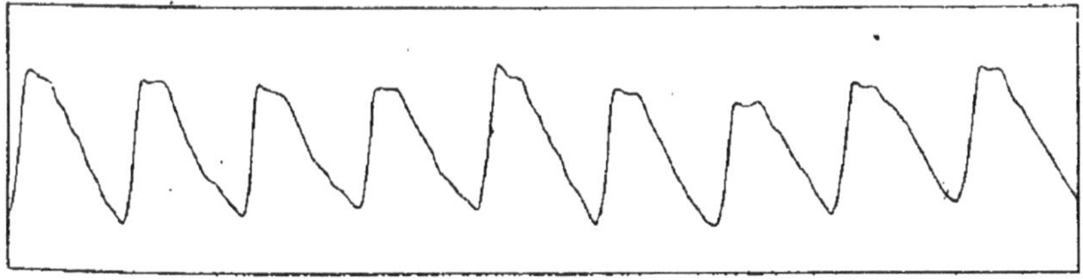

Fig. 29. — Tracé radial de la même malade la crise terminée (5 juillet 1905).

D'autres malades, au contraire, ne présentent pas cette tendance à la soudure des accès. Leurs accès arythmiques sont plus courts, mais aussi plus fréquents, au point de revenir deux ou trois fois par semaine, surtout lorsqu'ils sont fatigués. Ainsi en était-il chez plusieurs de nos malades, et chez deux malades d'Hoffmann qui ne sont jamais arrivés à l'arythmie permanente. Les sensations subjectives s'atténuent alors, au point que ces sujets n'accusent plus qu'un malaise intermittent, plutôt même général que localisé à la région précordiale.

La digitale nous a également donné de bons résultats chez un malade dont les crises, chaque fois provoquées par le surmenage physique, s'accompagnaient de dilatation cardiaque.

Exception faite des cas où l'on constate cette complication, on peut dire que la digitale n'est pas indiquée au cours des accès d'arythmie paroxystique : il nous a semblé plusieurs fois qu'elle augmentait les palpitations et les malaises du malade.

En général, il est préférable d'user d'applications précordiales chaudes, de valériane, de bromure, au besoin de morphine. Dans l'intervalle des accès, on écartera les excitants et les causes de troubles gastriques ou intestinaux. Une bonne psychothérapie fera beaucoup de bien à certains de ces malades qu'il importe avant tout de rassurer.

Le pronostic est, en effet, plus favorable dans cette affection que dans la tachycardie paroxystique. La longueur des accès ne tend presque jamais à provoquer la dilatation du cœur, et l'on doit même souhaiter parfois cet allongement qui pourra aboutir à l'établissement d'une arythmie continue. Dans la tachycardie paroxystique, au contraire, le raccourcissement des diastoles compromet la contraction du cœur, et qu'il faut tout craindre du passage à la tachycardie continue qui s'accompagne presque toujours d'une asystolie fatale.

L'arythmie paroxystique est évidemment plus sérieuse chez les porteurs d'affections valvulaires, puisque chaque crise risque de compromettre la compensation de la lésion. C'est dans ces cas que la digitale est indispensable : elle soutiendra le myocarde et l'on a vu, dans quelques cas, la disparition de la dilatation cardiaque s'accompagner du retour au rythme normal.

Quant à l'arythmie paroxystique qui survient au cours des maladies infectieuses, elle est souvent d'un pronostic sérieux. Même si le malade guérit avec rétablissement du rythme normal, il faut faire des réserves pour l'avenir, qui verra sans doute la reproduction de crises analogues.

ARYTHMIE PERMANENTE

L'arythmie permanente ne s'accompagne ordinairement d'aucune sensation subjective. Quelquefois, dans les premières semaines qui suivent l'établissement du rythme anormal, les malades se plaignent de sensations précordiales incommodes et d'étouffements. Mais ces malaises ne tardent pas à s'atténuer, et c'est à peine si ultérieurement ils éprouveront, de loin en loin, des palpitations et des chocs précordiaux. Même les extrasystoles ne sont habituellement pas perçues chez les malades qui s'en plaignaient, lorsque leur rythme général était encore régulier.

Arythmie permanente sans asystolie. — Les troubles fonctionnels cardiaques sont ici très limités. Andral et Huchard ont remarqué que certains malades, plus ou moins avancés dans l'artério-sclérose, peuvent avoir, pendant cinq, dix, quinze ans, un rythme complètement désordonné, en l'absence de tout signe apparent d'insuffisance cardiaque autre que le pouls veineux positif. Hewlett a même suivi deux sujets atteints d'arythmie complète, et dont la capacité fonctionnelle cardiaque était pour le moins égale à celle des sujets normaux : l'un, fervent alpiniste, n'avait pas cessé de continuer ses ascensions ; l'autre était un jardinier qui exerçait son dur métier.

La plupart des arythmiques sont cependant incapables d'un effort prolongé, celui-ci provoquant presque à coup sûr la dyspnée et un léger degré de stase hépatique. Ils ne se maintiennent qu'à la condition de faire seulement un travail proportionné à leur état cardiaque. Tôt ou tard, il arrive un moment où leur respiration devient gênée, où leurs jambes s'enflent, et ils succombent asystoliques à moins d'être emportés par une congestion pulmonaire.

L'arythmie permanente sans asystolie se rencontre, en général, chez des vieillards en apparence bien portants, sans doute comme consé-

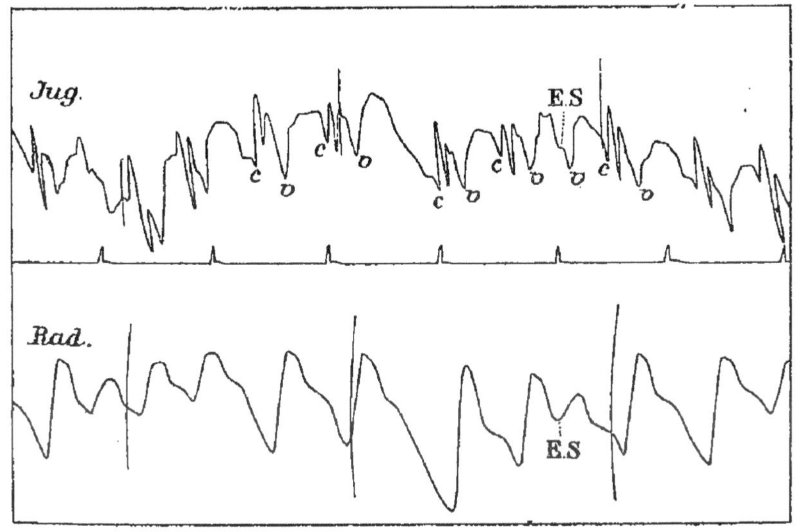

Fig. 30. — Arythmie permanente sans asystolie, chez un basedowien de 43 ans, Pouls radial à 104; tracé jugulaire montrant l'absence de l'onde *a*. Temps en secondes (28 août 1909).

quence de lésions scléreuses latentes. Assez souvent aussi, elle apparaît chez des obèses approchant de la cinquantaine, surtout s'ils sont en même temps glycosuriques.

On constate le trouble du rythme un jour par hasard, ou bien pendant la convalescence d'une petite maladie infectieuse, comme la grippe. Une fois installée, l'arythmie persistera pendant des années, s'atténuant momentanément par périodes, mais sans jamais disparaître complètement.

On constate également l'arythmie, avec une fonction cardiaque encore suffisante, chez certains alcooliques chroniques.

Il en est de même chez certains basedowiens : Hewlett en signale deux cas, et l'un de nous a observé un malade dans cette même condition (*fig.* 30).

Arythmie permanente asystolique. — Dans d'autres cas, l'arythmie se manifeste d'emblée comme liée à un certain degré d'asystolie.

Le type le plus commun de l'*arythmie permanente asystolique* se voit dans l'insuffisance mitrale par endocardite rhumatismale. Un pouls petit, irrégulier, intermittent, était dit autrefois « pouls mitral ». Nous savons aujourd'hui que l'arythmie manque quand l'insuffisance mitrale est simple et compensée, qu'elle ne survient qu'avec la faiblesse et la dilatation du cœur, accompagnant alors une cardio-hépatomégalie incomplètement irréductible. Gros cœur, gros foie, arythmie, constituent un syndrome constant dans l'évolution de l'affection mitrale, syndrome dont les divers éléments sont permanents quoique sujets à variations.

L'asystolie n'est pas toujours localisée dans le foie; elle peut aller jusqu'à l'œdème, ou bien le gros foie peut se compliquer d'ascite, soit précocement, soit au bout de quelques années. Dans tous les cas, l'arythmie varie ordinairement dans le même sens que la dilatation du cœur et la stase veineuse : le désordre augmente en même temps que la rapidité du rythme lorsque la dilatation cardiaque s'exagère ; il se régularise partiellement et se ralentit sous l'influence de toutes les causes qui diminuent le volume du cœur et la tension du foie.

On retrouve également l'arythmie asystolique avec cardio-hépatomégalie chez nombre de sujets affectés de *sténose mitrale.*

De même, dans les dilatations cardiaques provoquées par des efforts démesurés ou par une longue période de *surmenage physique* ; de même, dans les dilatations qui surviennent *au cours des néphrites aiguës*, contemporaines de la suppression presque complète de la sécrétion urinaire.

On rencontre enfin l'arythmie asystolique à la *phase terminale des lésions aortiques*, même d'origine endocardique, mais surtout lorsqu'elles se sont développées à la suite d'une longue période d'hypertension.

Il ne faudrait pas croire cependant que l'arythmie constitue, chez ces divers types de malades, une simple dépendance de l'asystolie. Lorsque la crise asystolique cesse, il est, en effet, habituel de voir l'arythmie lui survivre. D'autre part, l'arythmie n'est pas un signe constant de l'asystolie, et le rythme peut rester régulier jusqu'à la fin des cardiopathies les plus graves. Ainsi en est-il, par exemple, dans les décompensations cardiaques des enfants (Weill). Il n'y a pas, enfin, de différence nette entre le pronostic de l'asystolie eurythmique et de celle qui s'accompagne d'arythmie, sauf peut-être que la guérison de la première, lorsqu'on l'obtient, est ordinairement plus durable.

Il est tout à fait exceptionnel de voir l'arythmie asystolique céder complètement : un examen superficiel pourrait parfois faire croire au rétablissement du rythme régulier, mais il est aisé de constater par la méthode graphique que la durée des contractions successives n'est pas identique et constante, qu'aucune relation n'existe d'ailleurs entre ces irrégularités et les mouvements respiratoires, enfin que l'ondulation *a* n'a pas reparu sur les tracés jugulaires.

Le retour au rythme normal peut cependant s'observer quelquefois, la crise asystolique terminée, par exemple chez les valvulaires, lorsqu'elle avait été provoquée par le surmenage.

J. Mackenzie a publié les observations de plusieurs sujets porteurs de rétrécissement mitral, où l'arythmie se manifestait transitoirement, avec, chaque fois, disparition de l'onde *a* et du souffle présystolique. Leur retour simultané annonçait le rétablissement du rythme régulier. De tels faits sont cependant rares et ne doivent être affirmés qu'avec preuves à l'appui, c'est-à-dire tracés jugulaires démonstratifs.

Action de la digitale dans l'arythmie permanente. — Nous avons vu que la digitale n'était indiquée, dans l'arythmie paroxystique, qu'autant qu'il existait des signes de dilatation cardiaque. Il en est de même dans l'arythmie permanente, mais l'effet obtenu est alors en général remarquable, plus souvent toutefois chez les mitraux que chez les artérioscléreux. C'est chez les premiers surtout que la matité cardiaque se retrécit, que le foie diminue, que les œdèmes se résorbent, que la diurèse s'accentue dans des proportions parfois très considérables, que le malade accuse une amélioration de tous les symptômes subjectifs. Le rythme enfin se ralentit notablement, de 120 par exemple à 90.

Le pouls peut même quelquefois tomber au-dessous de 60, mais c'est un faux ralentissement : les tracés de la pointe, ou même l'auscultation, montrent qu'il s'agit d'un rythme couplé dont la première pulsation atteint seule le pouls radial : ce phénomène a déjà été étudié à propos des extrasystoles. Rappelons seulement qu'il apparaît avec une facilité toute particulière chez les sujets en état d'arythmie complète, même sous l'influence de doses de digitaline inférieures à 1 milligramme, doses qui ne sont pas capables de provoquer le rythme couplé chez les malades dont le rythme était resté normal. Le rythme couplé des arythmiques diffère du bigéminisme ordinaire, en ce que la pause diastolique y est soumise à des variations de longueur continuelles.

Huchard a considéré le bigéminisme digitali-

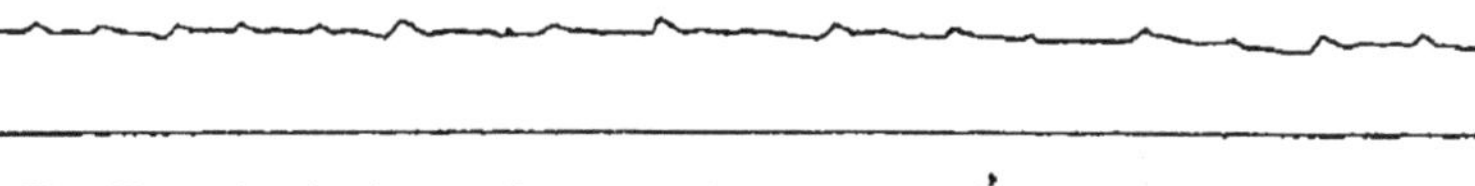

Fig. 31. — Arythmie complète asystolique avec pouls à 144 chez une malade atteinte de double lésion mitrale ; (avant l'administration de la digitale, 6 février 1902).

que comme un signe de fâcheux augure : le rythme couplé, avec ses pauses compensatrices, ne ferait qu'accentuer la tendance à la dilatation des cavités cardiaques. Il est certain que la digi-

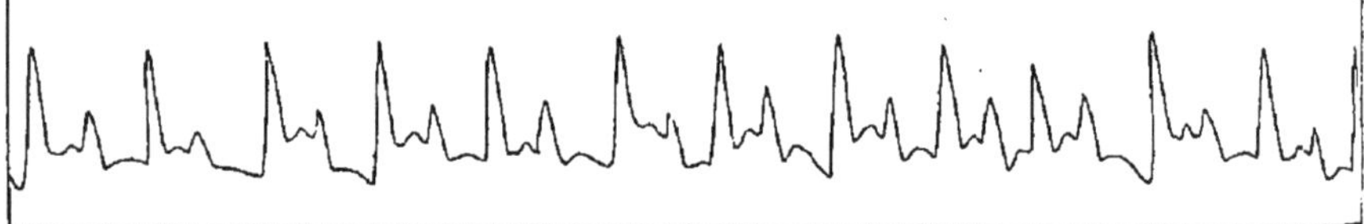

Fig. 32. — Rythme bigéminé continu avec 72 pulsations radiales, chez la même malade, après administration de 1 milligramme en deux jours de digitaline (8 février 1902).

tale a déterminé chez certains sujets arythmiques des accidents graves lorsqu'elle était donnée à des doses massives. Il s'agissait, comme l'un de nous l'a montré par plusieurs observations (1), de malades qui présentaient déjà, avant l'admi-

(1) Pierre MERKLEN. — *Grande dilatation du cœur, action dissociée de la digitale et rythme couplé.* Soc. méd. hôp., 11 avril 1902.

nistration de la digitale, quelques éléments bigéminés, épars au milieu du plus grand désordre. La digitale ralentit alors le pouls en provoquant un bigéminisme continu (*fig*. 31 et 32),

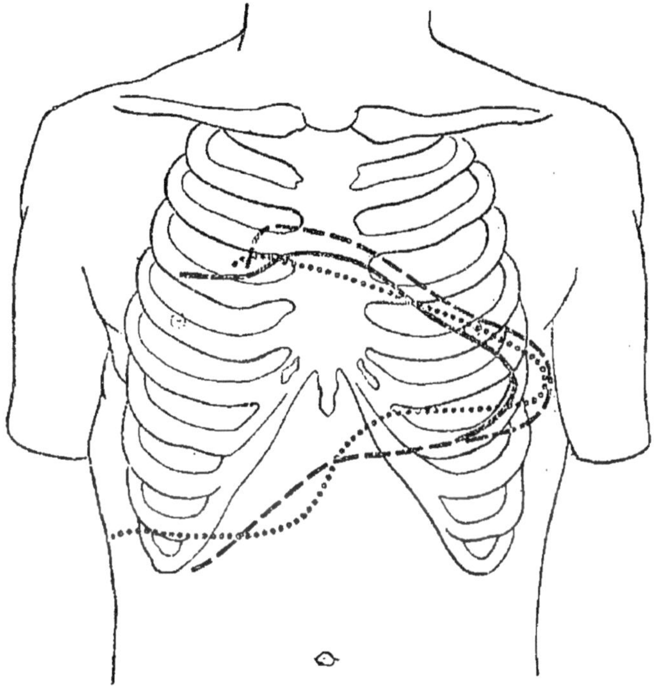

Fig. 33.

——— Matité cardiohépatique de la même malade, avant la digitale.

— — — Matité augmentée après action de la digitale, avec coexistence de rythme bigéminé et absence de diurèse.

.... Matité après l'évacuation chirurgicale de l'œdème.

mais sans provoquer la diurèse libératrice qui accompagne d'ordinaire le ralentissement cardiaque. Aussi, la matité cardiaque, loin de se réduire, peut-elle se trouver plus étendue qu'avant le traitement (*fig.* 33) ; la mort survient souvent d'une manière subite.

Ces accidents sont cependant exceptionnels, et on peut les éviter en ordonnant la digitale aux doses fractionnées de 1/10 ou 1/5 de milligramme par 24 heures. Il est par suite possible de cesser dès que l'auscultation montre l'apparition du rythme couplé. Nous sommes d'accord avec Mackenzie pour reconnaître que tout l'effet utile de la médication est alors déjà obtenue, ou sur le point de l'être. Si la diurèse n'est pas apparue en même temps que le rythme couplé, elle peut encore s'accuser dans les 24 heures qui suivent. De toutes manières, on n'obtiendra pas davantage en prolongeant l'administration de la digitale.

CAUSES DE L'ARYTHMIE COMPLÈTE

Les premières notions que nous ayions possédé sur le mécanisme physiologique de l'arythmie datent du livre de J. Mackenzie (1902), qui montra l'absence, constante chez les sujets affectés d'arythmie complète, de l'ondulation *a* et, en cas de sténose, du souffle présystolique. Toutes traces de la systole auriculaire étant disparues, Mackenzie émit l'hypothèse d'une paralysie des oreillettes. Cette hypothèse sembla se confirmer lorsque les tracés œsophagiens d'Hewlett, les électrocardiogrammes de Joachim, Strubell, Hering, montrèrent également une absence de toute contraction auriculaire. Mais

Mackenzie lui-même ne tarda pas à faire remarquer que les parois des oreillettes se rencontraient très souvent hypertrophiées à l'autopsie des malades ayant succombé en arythmie complète. La seule explication plausible était donc d'admettre que les oreillettes se contractaient en même temps que les ventricules, les effets mécaniques de cette contraction se confondant, sur les tracés, avec ceux de la systole ventriculaire : le point de départ de cette contraction simultanée aurait été, non plus le sinus, mais le nœud de Tawara, d'où le nom de *rythme nodal* proposé par Mackenzie pour désigner ce rythme anormal.

Cette explication ne rendait cependant pas compte du désordre permanent des battements cardiaques. Pareille objection ne peut plus être faite à la théorie émise par Rothberger et Winerberger (de Vienne), puis par Lewis (de Londres). Ces auteurs ont démontré d'une manière qui paraît indiscutable, qu'il existe, chez les sujets en arythmie complète, un *état permanent de fibrillation de l'oreillette.*

On désigne, sous le nom de fibrillation, un mode de contraction anormal qui peut être provoqué dans toutes les parties du cœur par certaines excitations mécaniques ou électriques. Le myocarde est alors envahi par des contractions continues, tremblotantes, se propageant sous forme d'onde à faible vitesse. De nouvelles ondes se développent à côté des premières avant qu'elles soient éteintes, sans qu'il y ait entre les unes et les autres aucune coordination. Le faisceau de His semble être une barrière pour ces ondes, car la fibrillation des oreillettes, tout en s'étendant à l'ensemble des cavités droite et gauche, ne se transmet pas aux ventricules. Fait très important et d'abord signalé chez l'animal par Cushny et Edmunds : lorsque les oreillettes sont en fibrillation, les ventricules battent d'une manière complètement arythmique, sans doute parce que certaines seulement des ondes auriculaires arrivent à se transmettre, et cela sans ordre régulier, à travers le faisceau de His.

L'électrocardiogramme du cœur d'un animal dont les oreillettes sont en fibrillation montre que l'élévation P (caractéristique de la contraction auriculaire normale) a disparu ; mais il existe sur le tracé de petits soubresauts incessants qui persistent toute la durée de la révolution cardiaque (350 à 500 par minute). Or, ces soubresauts rapides se retrouvent toujours, comme l'a bien montré Lewis, sur les électrocardiogrammes des malades en arythmie complète, et ne se rencontrent dans aucun autre cas [1].

---

[1] Exception faite de certaines bradycardies par dissociation complète où l'onde *a* a disparu des tracés jugulaires (Mackenzie), et où l'oreillette est également en état de fibrillation (Lewis).

Quant à l'élévation R (caractéristique de la contraction ventriculaire), elle se produit à des intervalles irréguliers, mais elle garde sa forme normale, ce qui indique bien qu'elle tire toujours son origine des oreillettes par l'intermédiaire du faisceau de His. Elle est suivie d'une élévation T également normale.

Lewis a reconnu de plus, comme semblaient l'indiquer déjà les tracés, qu'il était assez fréquent de voir se produire des extrasystoles. Les électrocardiogrammes montrent que ces extrasystoles naissent toujours du tissu ventriculaire, jamais de celui des oreillettes.

Il ne faudrait pas croire cependant que l'absence de l'ondulation *a* sur le tracé jugulaire soit toujours suffisante pour permettre d'affirmer la fibrillation des oreillettes : *a* peut disparaître dans certaines crises asystoliques, alors que P persiste encore sur l'électrocardiogramme, qui ne montre, d'autre part, aucune trace des trémulations rapides qui caractérisent la fibrillation. Enfin, dans les crises de tachycardie paroxystique, *a* disparaît des tracés jugulaires, et cependant les trémulations rapides manquent encore sur l'électrocardiogramme, où la contraction des oreillettes continue à se manifester par un P tourné en sens inverse du sens normal. L'existence de la fibrillation ne peut donc être affirmée que sur l'examen d'un électrocardiogramme.

Ajoutons que cet état de fibrillation est la cause, non seulement de l'arythmie permanente, mais aussi de l'arythmie paroxystique. Lewis l'a constaté par l'électrocardiogramme au cours d'un accès et a vu reparaître, la crise une fois terminée, l'élévation P caractéristique de la contraction auriculaire normale.

Reste à déterminer l'origine de cet état de fibrillation paroxystique ou permanente. Il est à croire d'après les données expérimentales, que la fibrillation est causée par des excitations multiples survenant simultanément en divers points de la musculature des oreillettes (Lewis). On peut admettre, comme l'un de nous l'a soutenu depuis longtemps, que, dans certains cas, et, en particulier dans la sténose mitrale, ces conditions sont réalisées par la distension exagérée des parois auriculaires. Le même rôle peut être joué par certaines lésions que l'on relève à l'autopsie des sujets ayant présenté de l'arythmie complète : nous voulons parler de la dégénérescence fibreuse des parois auriculaires, constatée chez des *cardioscléreux arythmiques*, d'abord par Dehio et son élève Radasewski, puis par Rabé et l'un de nous (1). Il s'agit d'une sclérose diffuse, sous-

(1) Pierre Merklen et M. Rabé. — Note sur *la Myocardite chronique des oreillettes et ses rapports avec l'arythmie*, compte rendu du Cinquième Congrès de Médecine Française, Lille, 1899.

péricardique et sous-endocardique, inter et intra-fasciculaire. A la gangue fibrillaire du myocarde auriculaire est substitué un tissu fibreux homogène, dissociant les fibres musculaires atrophiées ou disparues en bien des points. Ces altérations, légères au niveau de l'oreillette gauche, sont surtout prononcées dans les parois de l'oreillette droite.

Chez les asystoliques dont le rythme s'est, au contraire, maintenu normal jusqu'à la mort, la myosclérose, quelque étendue et profonde qu'elle soit, se limite aux ventricules. Josserand et Gallavardin ont relevé les mêmes particularités ; de même, Heitz [1], chez un tabétique arythmique ; Lewis, chez un cheval ayant succombé dans l'état d'arythmie complète.

Des travaux récents tendent à localiser d'une manière plus précise encore les lésions de l'arythmie complète. Wenckebach a constaté dans un cas la dégénérescence de la musculature de la veine cave supérieure. Shönberg, d'une part, Keith et I. Mackenzie, de l'autre, ont relevé de l'infiltration leucocytaire ou de la sclérose du nœud sino-auriculaire, c'est-à-dire de la région où semble prendre naissance la contraction cardiaque normale.

---

[1] J. Heitz. — *Les nerfs du cœur chez les tabétiques*, Paris 1903, Observ. IX, p. 176.

CHAPITRE IX

—

BRADYCARDIE

Il y a bradycardie ou ralentissement des battements du cœur toutes les fois que leur nombre est inférieur à 70 par minute. On distinguait autrefois les bradycardies *légères* ou *modérées*, et les bradycardies *extrêmes* caractérisées par l'abaissement du chiffre des contractions cardiaques à 40, 30 et même moins. Les premières sont surtout intéressantes par les déductions qu'on en peut tirer au point de vue du diagnostic ; les dernières ont un pronostic plus sévère, car elles s'accompagnent presque toujours de troubles nerveux, syncopes ou crises épileptiformes, dues, comme nous l'avons vu, à l'anémie cérébrale qui résulte de l'espacement des systoles.

On peut actuellement serrer de plus près la réalité et la pathogénie en classant les bradycardies d'après les propriétés du myocarde dont l'altération provoque leur apparition.

Il faut tout d'abord distinguer les *pseudo-ralentissements* dans lesquels certains battements cardiaques sont trop faibles pour se transmettre au pouls, mais que les tracés de la pointe ou de l'auscultation mettent aisément en évidence : ainsi en est-il du *pouls lent par trouble de la contractilité*, lorsque la petite pulsation alternante est trop faible pour parvenir jusqu'à la radiale. Ce sont là des cas rares, intéressants surtout par la gravité du pronostic.

Beaucoup plus fréquents sont les *pseudo-ralentissements par bigéminisme*, lorsque l'extrasystole, trop précoce, n'a pas eu la force de soulever les valvules sigmoïdes. Nous avons étudié longuement cette variété de bradycardie à propos du pouls bigéminé au Chap. V : son diagnostic est généralement facile, son pronostic le plus souvent assez bénin. Rappelons toutefois que chez certains valvulaires, en particulier en cas de sténose mitrale, on peut voir apparaître, sous son influence, des phénomènes syncopaux.

Quant aux bradycardies véritables, dans lesquelles chaque contraction ventriculaire est transmise au pouls radial, elles comprennent un certain nombre de variétés dont les mieux individualisées sont les bradycardies sinusales, et les bradycardies par trouble de la conductibilité intracardiaque.

Bradycardies sinusales. — Le trouble du rythme porte ici uniquement sur la diastole qui est exagérément allongée, et les tracés jugulaires montrent que l'ondulation *a* continue à précéder régulièrement de 1/5 de seconde l'ondulation *c* qui représente la systole du ventricule. La cause la plus habituelle de ce trouble est l'exagération de l'action du vague.

Le type le plus fréquent est représenté par la bradycardie à 60-50 qui se voit assez souvent dans la *convalescence des maladies aiguës*, surtout après les infections graves ou prolongées comme la diphtérie ou la fièvre typhoïde. Cette bradycardie coïncide alors avec une légère hypothermie et une faible tension artérielle, et peut être attribuée, pour une part, à l'état de jeûne. Dehio a montré que l'atropine augmentait, en pareil cas, le nombre des battements du cœur, quoique peut-être moins nettement que chez les sujets normaux. Le pronostic est bénin, très différent de celui que l'on doit attribuer aux ralentissements extrêmes, qui apparaissent pendant la convalescence, comme conséquence des lésions d'ordre infectieux localisées sur le faisceau de His. On peut rapprocher de la bradycardie sinusale des convalescents, celle qui succède parfois à l'*accouchement* et qui dure de quelques heures à une semaine.

Un type de bradycardie sinusale également important à connaître se manifeste au cours de certaines *affections abdominales*, telles que la colique hépatique ou néphrétique, et surtout l'*appendicite*. Certains auteurs lui ont attaché une signification fâcheuse comme annonçant la perforation de l'appendice, mais dans nombre de cas, le ralentissement du pouls au cours de la crise n'a pas empêché la guérison. C'est ainsi que Vaquez a observé, chez une grande nerveuse, au cours d'une appendicite fébrile, un pouls à 45-40 accompagné de quelques défaillances. L'épreuve de l'atropine fit remonter le pouls à 80, chiffre qui resta définitif. Un cas analogue a été observé par Rihl.

La bradycardie sinusale se constate encore chez certains paralytiques généraux. C'est un des signes classiques des *tumeurs cérébrales* et de la *méningite tuberculeuse*. Elle s'y combine assez souvent avec des extrasystoles (Pletnew).

La bradycardie sinusale peut aboutir enfin à des pauses du cœur, portant à la fois sur les oreillettes et les ventricules, et s'accompagnant de véritables syncopes. Ainsi en était-il dans le cas de Laslett (bradycardie paroxystique), dont nous avons parlé au Chap. IV.

Bradycardies par troubles de la conductibilité. — Elles dépendent, dans la majorité des cas, d'une lésion du faisceau de His qui provoque, soit la dissociation auriculo-ventriculaire complète, soit un état de block partiel. Le pouls est régulièrement lent à 30-35 dans le premier cas et il reste immuablement lent en toutes circonstances; il n'est que rarement régulier dans le second, et seulement lorsqu'il manque une systole ventriculaire sur deux systoles de l'oreillette. On pensera enfin, en cas de pouls lent arythmique, à la possibilité d'une bradycardie par *block sino-auriculaire.*

Bradycardies d'origine pneumogastrique. — Beaucoup d'entre elles ne sont autre chose que des bradycardies sinusales ; mais certaines lésions du vague peuvent provoquer des ralentissements du cœur qui se rapprochent, par certains caractères, des bradycardies par trouble de la conduction. Un malade d'Esmein, dont nous avons déjà parlé, et chez qui existait une compression ganglionnaire, présentait à la fois des pauses simultanées des oreillettes et des ventricules et, par moments, des intermittences isolées du ventricule seul.

Nous ne possédons encore qu'un trop petit nombre d'observations *complètes* de bradycardie vaguale pour pouvoir en donner les caractères avec la même précision que pour les bradycardies par lésion intracardiaque. En général, les phases de bradycardie nerveuse sont séparées par des phases assez fréquentes de retour au rythme normal. Le ralentissement est dû à la fois à l'allongement des diastoles d'origine sinusal, et à des pauses du ventricule seul. Le ralentissement n'est jamais très prononcé. Il disparaît sous l'influence des mouvements, des émotions de la fièvre. La compression du vague au cou l'augmente et l'épreuve de l'atropine le fait disparaître pour plusieurs heures.

Rappelons qu'une variété rare de bradycardie peut être causée par la diminution de l'*excitabilité du ventricule* (J. Hay). Nous avons dit au Chap. V qu'il s'agit d'un pouls lent arythmique, qui se distingue des formes précédentes en ce que l'espace *a-c* conserve toujours sa durée normale de 1/5 de seconde, et que l'épreuve de l'atropine reste sans influence sur les intermittences du ventricule.

On peut se demander si, en dehors de toutes ces variétés, il existe vraiment, comme l'admettaient les anciens auteurs, un *pouls lent physiologique*. On cite partout Corvisart, qui ne put jamais constater plus de 40 pulsations radiales chez Napoléon Ier. Mais il n'est pas interdit de rappeler que ce dernier avait présenté pendant sa jeunesse des vertiges et des accidents épileptiformes qui pourraient peut-être faire considérer cette observation comme un cas de dissociation auriculo-ventriculaire survenue après une période de block partiel.

CHAPITRE X

ACCÉLÉRATION DU CŒUR ET TACHYCARDIE

Lorsque le rythme du cœur est accéléré avec persistance de la régularité des battements, on dit qu'il y a, selon les cas, *accélération simple* ou *tachycardie*. Il importe de distinguer ces deux modes d'altération du rythme.

Dans l'*accélération simple*, le nombre des pulsations cardiaques s'élève à 100, 120, et même jusqu'aux environs de 150. Mais le *rythme sinusal du cœur est conservé*. Le pouls conserve généralement son ampleur, parce que les systoles ne sont pas abrégées, mais seulement rapprochées par suite de la moindre durée des pauses.

Le terme de *tachycardie* doit être réservé aux accélérations habituellement plus considérables à 150, 200, 300 et plus, *où le rythme fondamental est modifié*. De plus, les systoles sont raccourcies en même temps que les pauses, d'où petitesse spéciale du pouls, qui est faible au point que l'auscultation du cœur est parfois nécessaire pour l'exacte numération de ses battements. La tachycardie peut survenir par accès paroxystiques ou revêtir la forme continue.

ACCÉLÉRATION SIMPLE DU CŒUR

Réaction d'accélération. — C'est la réaction normale du cœur à certaines excitations (chaleur, variation de la pression atmosphérique, émotion) et à la plupart des actes physiologiques (travail intellectuel, digestion, travail musculaire, passage de la position horizontale à la station debout). On doit la considérer comme un phénomène régulateur, subordonné aux variations des circulations locales, et commandé par les excitations sensitives qui partent des extrémités nerveuses de la peau, des muscles, des viscères pour retentir sur les centres du vague et du sympathique cervical. L'influence réflexe issue de ces centres s'exerce, comme nous l'avons vu, sur le sinus, avançant le moment où ce dernier doit répondre par une contraction à un degré suffisant d'excitation. Aussi ces accélérations présentent-elles, quelle qu'en soit la cause, les caractères essentiels des arythmies sinusales. (Durée normale de l'intervalle *a-c*).

Une *accélération cardiaque plus durable* se produit sous l'influence de la *fièvre* (en moyenne

8 battements en plus par chaque degré au-dessus de la normale, d'après Liebermeister). Cette accélération est cependant variable suivant l'origine de l'infection : plus marquée, par exemple, dans la pneumonie que dans la fièvre typhoïde. Dans cette dernière maladie, le pouls reste habituellement au-dessous de 100, et une accélération y est marquée d'un pronostic grave.

L'accélération fébrile est toujours inconsciente, même lorsqu'elle est très élevée. Elle résiste à l'action de la digitale.

La *diminution de la pression atmosphérique* accélère notablement le pouls, surtout dans les ascensions de montagne, où cette action se combine à celle d'un exercice musculaire quelquefois excessif (P. Bert).

Le pouls s'accélère fréquemment aussi après les *grandes hémorrhagies* qui abaissent momentanément la pression, le cœur semblant battre d'autant plus vite qu'il a moins de peine à se vider (Graves, Marey).

Instabilité du pouls. — La réaction d'accélération s'exagère en degré et en durée chez certains sujets qui présentent de l'hyperexcitabilité nerveuse : asthéniques congénitaux, anémiques, convalescents (Oddo, Thomayer), surmenés physiquement ou moralement. Tous ces individus ont le *pouls instable*, c'est-à-dire que leur pouls s'accélère d'une façon exagérée sous l'influence de la moindre émotion, d'un mouvement modéré. Un travail qui, chez l'homme sain, accélère le pouls de 8 à 20 pulsations, l'élève alors de 40 à 50. Le passage de la position couchée à la station debout donne lieu, chez les mêmes sujets, à une accélération de 30 à 40, au lieu de 10 comme chez un sujet bien portant (Graves), sans compter que ces modifications du rythme cardiaque présentent encore une tendance à une persistance anormale. Elles sont d'ailleurs variables, selon l'état d'accoutumance ou l'absence d'entraînement vis-à-vis d'un mouvement donné, et même selon les moments. Elles sont particulièrement marquées au moment du réveil, surtout du réveil brusque.

Ces accélérations transitoires à l'effort, à l'émotion, s'accompagnent presque toujours, quand elles sont très marquées, de sensations subjectives que les malades désignent sous le nom de palpitations et qu'ils décrivent avec un grand luxe de détails. Il est bon de constater que, pendant ces palpitations émotives ou d'effort, le rythme, quoique accéléré et renforcé, reste toujours parfaitement régulier. Les palpitations arythmiques, tumultueuses, sont, au contraire, mélangées d'extrasystoles et doivent être considérées à part, tant au point de vue de leur pathogénie que de leur pronostic.

La diversité des causes du pouls instable, accompagné ou non de palpitations, prouve bien que ce signe n'a pas de signification pronostique sérieuse. C'est ainsi qu'on constate plus nettement l'instabilité du pouls chez les convalescents que chez les malades dont le cœur est en état d'insuffisance évidente.

Accélération de décubitus. — A l'état normal, le cœur se ralentit lors du passage brusque de la station debout à la position couchée. Or, c'est l'inverse qui se montre dans nombre de cas d'insuffisance cardiaque, cette accélération de décubitus étant alors généralement accompagnée d'un certain degré de dyspnée. C'est que, sous l'influence du passage brusque à la position couchée, il se produit une tendance à la dilatation des cavités du cœur par le sang qui y afflue en plus grande quantité. Cette tendance, compensée à l'état normal par une plus grande énergie des contractions, l'est plus difficilement dans l'insuffisance cardiaque. Schapiro a constaté ce phénomène dans les affections valvulaires à la période de décompensation, et Huchard l'a signalé dans l'artériosclérose.

Accélération cardiaque habituelle. — On la rencontre dans certaines névroses, telles que la *maladie de Basedow*, où le pouls est habituellement entre 100 et 120, s'accélérant même parfois jusqu'aux environs de 140. Une accélération à 120-140 s'observe aussi dans certaines *thyroïdites infectieuses*, même en l'absence de fièvre (Parisot).

Certains *neurasthéniques* peuvent présenter

pendant des semaines et des années, un pouls à 120-150, sur lequel, comme chez les basedowiens, la digitale reste sans action.

Une accélération persistante se constate encore chez les *tuberculeux au début*, en l'absence même d'élévation thermique, ce qui faisait dire à Lasègue que la fièvre des tuberculeux est plus au pouls qu'au thermomètre. L'accélération habituelle à 100, encore accrue par la marche et les repas, peut même être considérée comme un signe précoce de la tuberculose, quand elle coïncide avec un amaigrissement inexpliqué (Faisans). Elle est en même temps d'un pronostic sévère, indiquant une forme éréthique, rapide et rebelle de la maladie (Faisans).

Dans le *tabes*, l'accélération du cœur a été observée dès le début de la maladie par de nombreux auteurs. D'après les relevés de l'un de nous, 50 % des tabétiques présentent un pouls aux environs ou au-dessus de 100, et ces chiffres s'exagèrent avec une grande facilité sous l'influence de l'exercice ou de l'émotion.

Dans ces diverses formes, le rythme sinusal persiste, comme le montre la présence constante de l'onde *a* sur les tracés jugulaires. La fréquence du pouls tient, selon toute vraisemblance, à un fonctionnement anormal des centres d'innervation du cœur, secondaire parfois à l'exagération de certaines sécrétions internes ou à l'influence de certaines toxines microbiennes, mais dont nous ignorons la cause dans un grand nombre de cas.

Accélération habituelle par lésion des centres ou des nerfs pneumogastriques. — L'altération des noyaux d'origine des pneumogastriques se produit quelquefois dans la *paralysie glosso-labio-laryngée*, dans la *syringomyélie*, la *sclérose latérale amyotrophique*, les *ramollissements du bulbe*. Elle se manifeste alors par une accélération continue à 150 environ, avec paroxysmes dyspnéiques dans lesquels la mort survient par syncope.

La *section du tronc d'un pneumogastrique* s'observe quelquefois au cours des opérations sur les ganglions du cou ou sur la carotide. Elle détermine une accélération qui atteint rarement 150 (*fig*. 34) et qui s'efface au bout de quelques jours.

La *névrite du pneumogastrique* se manifeste aussi par une accélération qui ne dépasse pas 150, qui reste même souvent au-dessous, mais qui diffère de la forme précédente en ce qu'elle est durable, sans doute parce qu'elle frappe les deux troncs vagues simultanément. Ce peut être une névrite parenchymateuse atrophique, comme cela a été observé dans le *tabes* (Oppenheim et Siemerling, Djeicoff, J. Heitz), lésion d'ailleurs exceptionnelle dans cette maladie et qui ne peut expliquer l'accélération presque constante des tabétiques.

Dans d'autres cas, il s'agit d'une névrite parenchymateuse subaiguë. Dejerine a montré que l'accélération du pouls était fréquente au cours de certaines *polynévrites* et, chez une femme ayant succombé à une polynévrite alcoolique, il a pu montrer des lésions dégénératives des deux pneumogastriques.

Plus fréquemment, il existe une *compression du tronc des pneumogastriques*, soit au cou par des ganglions tuberculeux ou des tumeurs du corps thyroïde, soit dans le médiastin par un anévrysme de la crosse de l'aorte ou, plus ordinairement, par une adénopathie trachéo-bronchique. Il s'agit alors d'une dégénérescence, quelquefois sarcomateuse ou lymphadénique, plus souvent tuberculeuse, avec épaississement lardacé ou calleux du tissu conjonctif de voisinage au milieu duquel il est difficile de dégager les troncs nerveux.

On peut observer, soit une *accélération simple*, soit une *accélération compliquée d'asystolie*. Dans les deux formes, le pouls ne dépasse pas 160, descendant rarement au-dessous de 140. Il est tout à fait régulier, quelquefois embryocardique.

L'accélération simple, c'est-à-dire non accompagnée de dilatation cardiaque, se constate un jour, par hasard, chez des malades présentant des signes d'adénopathie trachéobronchique. Elle ne s'accompagne d'aucun trouble fonctionnel et paraît compatible avec une survie prolongée (plus d'un an dans le cas de Guttmann).

Mais cette immunité n'est pas indéfinie, et l'un de nous a vu, dans deux cas, apparaître la dilatation (1). Il est curieux de noter la réaction fournie par ces malades à la digitale :

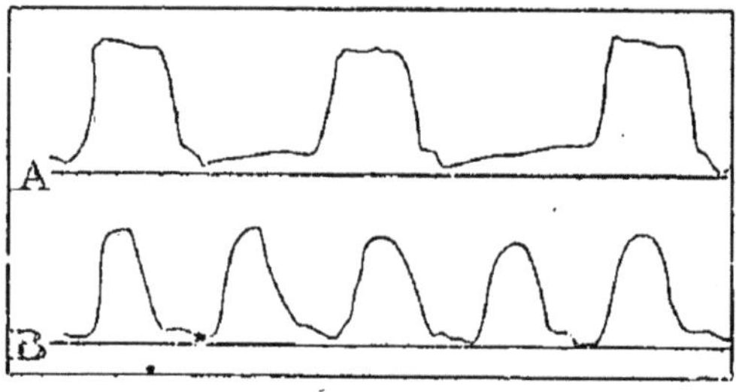

Fig. 34. — Raccourcissement de la pause dans l'accélération du cœur provoquée par la section des vagues (d'après Arloing).

l'action de cette dernière est dissociée, c'est-à-dire qu'elle produit des effets diurétiques (plus de 3 litres et demi d'urine chez un de nos malades), qu'elle diminue les œdèmes et la matité cardiohépatique, mais sans ralentir le cœur. Cette action dissociée est assez nette pour mettre sur la voie du diagnostic.

Après quelques mois d'alternatives en mieux et en moins bien, nos malades moururent de syncope, à la suite d'accès de suffocation avec expectoration sanglante. A l'autopsie, on trouva,

(1) Pierre Merklen. — Soc. méd. hôp. Paris, 1893, et Thèse C. E. Renaud. — *Tachycardie et asystolie dans les compressions du pneumogastrique.*

dans les deux cas, une compression d'*un seul des troncs pneumogastriques*, mais les filets cardiaques bilatéraux intéressés par la médiastinite. Le myocarde était à la fois dilaté et légèrement hypertrophié, et présentait, dans son intimité, des foyers anciens et récents d'inflammation interstitielle.

Le mécanisme de l'asystolie est aisé à comprendre en pareil cas : le repos diastolique, pendant lequel les échanges nutritifs se font à l'état normal, se trouve supprimé (*fig.* 34) et l'irrigation coronaire devient, par suite, insuffisante. Il est très probable cependant que la compression des pneumogastriques n'aboutit à l'asystolie que lorsque le myocarde a été déjà altéré préalablement. Nos deux malades étaient d'anciens rhumatisants, devenus tuberculeux, et l'un d'eux présentait des habitudes alcooliques.

Accélération habituelle des cardiopathes. — Dans les affections du cœur en état de compensation apparente, l'accélération persistante indique, soit l'*insuffisance du myocarde*, soit une *hyperexcitabilité nerveuse associée*. Cette dernière est relativement fréquente chez les sujets jeunes, anémiés ou névrosés où le diagnostic reste parfois délicat entre les deux formes.

On y arrive par la recherche des signes qui caractérisent l'insuffisance cardiaque : augmentation de la matité cardiohépatique, diminution des urines, imparfaite élimination des chlorures ingérés, plus ou moins grande aptitude à la dyspnée de travail.

Le degré de l'accélération, lorsqu'il s'agit d'une manifestation purement nerveuse, est assez variable d'un moment à l'autre. Il s'exagère aux changements d'attitude, aux émotions, sous l'influence d'un rêve désagréable, d'un réflexe gastrique ou utérin. Ici encore, le rythme fondamental du cœur n'est pas modifié, et l'onde *a* persiste sur les tracés jugulaires, précédant l'onde *c* de 1/5 de seconde (Mackenzie). Cette accélération nerveuse se constate surtout dans la *sténose mitrale*. Bien qu'elle gêne toujours plus ou moins la nutrition cardiaque, le pronostic ne s'en trouve pas assombri autant qu'on pourrait le croire.

Il en est autrement dans l'*artériosclérose généralisée* et surtout à la *période terminale des néphrites interstitielles* (Bouveret). L'accélération cardiaque qui survient alors est généralement accompagnée de dyspnée, et paraît traduire le début de la dilatation cardiaque, c'est-à-dire des accidents urémiques terminaux.

Chez les *asystoliques avec anasarque*, on comprend que le cœur, se vidant mal, soit appelé à se contracter plus souvent pour suppléer par le nombre à l'insuffisance de ses contractions. Le degré d'accélération n'est cependant pas proportionnel à la gêne circulatoire. Nous avons vu que les asystolies les plus graves peuvent aboutir à la mort sans modification notable de la rapidité du cœur. Par contre, un pouls rapide en permanence chez un asystolique est toujours un signe de fâcheux pronostic dans un court délai.

TACHYCARDIE PAROXYSTIQUE

C'est une affection constituée par des accès de tachycardie à 200, 300 battements par minute et même davantage, qui ont pour caractère principal de survenir sans transition au milieu du rythme normal et de se terminer de la même manière brusque, au bout d'un temps plus ou moins long.

Ces crises paroxystiques de tachycardie peuvent survenir dans les conditions et pour les causes les plus diverses, chez des sujets indemnes en apparence de toute lésion cardiaque (*tachycardie paroxystique essentielle de Bouveret*), ou au contraire chez des cardiopathes avérés, valvulaires ou artérioscléreux (*tachycardie paroxystique symptomatique*). Mais quelle qu'en soit la cause étiologique ou provocatrice, l'aspect clinique de l'accès reste toujours sensiblement le même (Savy).

Caractères cliniques de l'accès. — Il débute toujours brusquement, quelquefois à la suite de prodromes tels qu'éblouissements, vertiges, sensation de constriction épigastrique. Le malade ressent un déclanchement précordial subit, suivi de deux à trois chocs espacés, qui correspondent à des extrasystoles. Puis le rythme s'élève d'un seul coup à 150, 200 et même 300.

Si l'on examine alors la région précordiale, on la voit animée de pulsations larges et énergiques, qui font un contraste frappant avec l'extrême faiblesse du pouls (*fig.* 35), dont

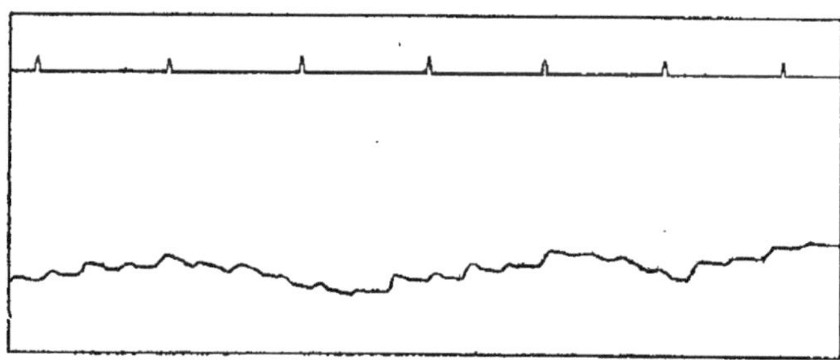

Fig. 35. — Attaque de tachycardie paroxystique à 200 chez un homme de 50 ans, atteint d'artériosclérose au début (tracé radial) ; temps marquéen secondes (14 août 1909).

on a bien souvent peine à compter les pulsations. Il ne donne alors au doigt que l'impression d'une ondulation vague, arythmique, tandis que l'examen du cœur montre une consante régularité de ses battements. Au niveau des veines du cou, les pulsations sont habituellement aussi violentes qu'au cœur lui-même, distendant le golfe de la jugulaire en une sorte de globe dont les expansions régulières peuvent être comptées, à la vue comme au palper, entre les deux chefs du sterno-cléido-mastoïdien.

A l'auscultation, les bruits du cœur ont souvent le caractère fœtal ; leur intensité est parfois exagérée. Les souffles qui peuvent exister en temps habituel disparaissent presque toujours, en particulier le souffle présystolique du rétrécissement mitral. Les souffles diastoliques persistent quelquefois.

Quant aux dimensions du cœur, elles se modifient peu pendant les accès courts : Hoffmann a vu, à l'écran radioscopique, que beaucoup d'accès ne s'accompagnaient d'aucun changement du volume du cœur. Winternitz, Martius et nous-même avons pu cependant constater quelquefois une augmentation légère de la matité, qui survenait dès le début de l'accès et persistait sans s'accentuer davantage.

La rapidité extrême du rythme n'est pas toujours perçue par le malade. La plupart ne ressentent qu'une angoisse pénible avec capacité de travail physique très diminuée. Aussi les voit-on immobiles, la face pâle, les lèvres parfois cyanosées. Ils restent cependant en général debout, sauf prescriptions médicales antérieures, et ne prennent le lit que tardivement. Il existe de plus de l'insomnie, de la diminution de l'appétit avec langue saburrale. Quelquefois les malades accusent des nausées et des vomissements.

Dans d'autres cas, la tachycardie est consciente, associée à des palpitations surtout ressenties à la base du cou, parfois à un certain degré de dyspnée. Chez certains malades, l'accès se manifeste exclusivement par des douleurs angineuses qui, chez une malade observée par l'un de nous, avaient fait errer le diagnostic.

Durée et terminaison de l'accès. — La longueur de l'accès constitue certainement son caractère le plus variable : on peut voir des accès avec tous leurs caractères typiques qui ne durent que quelques minutes, parfois même vingt à vingt-cinq secondes (Lewis). Ils sont considérés, dans ce cas, comme de simples crises de palpitations, bien que leur pronostic ne diffère en rien, comme nous le verrons, de celui des crises typiques. D'autres accès durent des heures et parfois des jours. Lorsqu'ils viennent à dépasser quatre à cinq jours, on peut voir la dilatation cardiaque, jusqu'alors absente ou tout au moins peu accusée, apparaître avec ses conséquences cliniques habituelles, comme signe de la fatigue du myocarde et de la perte de sa tonicité [1]. Cette limite du cinquième jour, fixée par Bouveret, n'a d'ailleurs rien d'absolu, la dilatation pouvant se produire avant ce moment, et la tachycardie persister d'autres fois des semaines sans entraîner la fatigue du cœur et ses conséquences.

La dilatation secondaire ne se voit guère que

(1) L'apparition du pouls alternant à la fin des longs accès (J. Hay, Lewis) montre une tendance à l'épuisement de la contractilité qui est de fâcheux pronostic.

lorsque le pouls est au-dessus de 200 ; mais il faut tenir grand compte de l'état du myocarde, et aussi de l'absence ou de la présence de lésion valvulaire (la tachycardie symptomatique étant toujours plus grave que la tachycardie essentielle). Il ne faut pas négliger de s'enquérir des dilatations qui ont pu se produire lors des crises antérieures.

La dilatation est annoncée par de la dyspnée, de la toux avec expectoration sanglante, liées à la congestion secondaire du poumon qui se complique parfois de petits foyers d'apoplexie pulmonaire. En même temps, les urines diminuent en devenant uratiques, albuminuriques et parfois sanguinolentes ; la matité du cœur s'agrandit considérablement, surtout dans le sens transversal ; le foie se congestionne ; il apparaît de la cyanose de la face, des troubles cérébraux (agitation, insomnie, cauchemars, délire) ; les membres inférieurs peuvent aussi s'œdématier, quoiqu'en général l'œdème reste modéré. Cet état d'asystolie aiguë est caractérisé par ce fait que les vomissements et la diarrhée d'une part, les troubles cérébraux de l'autre, y tiennent une place prépondérante. Les pupilles sont parfois en myosis, le malade couvert de sueur, et l'on peut se demander quelle est, dans ce tableau, la part respective de l'ischémie artérielle, de la stase veineuse et de l'insuffisance rénale.

Une complication, heureusement rare, est

l'embolie cérébrale. Nous l'avons vue provoquer, chez un enfant, une hémiplégie droite avec aphasie. On peut voir aussi le malade mourir subitement au cours de l'accès, surtout lorsqu'il existait des lésions cardiaques antérieures.

La *terminaison* de l'accès est brusque comme son début. Un choc précordial violent est suivi du retour instantané au bien-être, ne laissant subsister qu'une sensation de lassitude plus ou moins longue à se dissiper. Parfois, plusieurs chocs extrasystoliques se succèdent avant l'arrêt définitif, et certains malades accusent encore, pendant une heure environ après l'accès, des intermittences plus ou moins espacées (Vaquez).

Dans certains cas, l'accès se termine sans que le malade en ait conscience. Ainsi en est-il chez ceux qui peuvent s'endormir et qui se réveillent guéris. Chez d'autres, à mesure que les crises se répètent, les sensations subjectives s'effacent et la crise peut se terminer par une transition insensible.

Lorsqu'il y a eu dilatation cardiaque, la polyurie succède à l'oligurie, la matité cardiaque se réduit progressivement et, après quelques jours de faiblesse générale et d'instabilité cardiaque, le malade se retrouve à nouveau dans son état normal.

Évolution de l'affection. — Dans l'intervalle des crises, la fonction du cœur ne diffère pas de la normale, qnoique certains sujets présentent d'assez fréquentes extrasystoles (Hoffmann, Vaquez). Mais il ne faut pas oublier qu'un malade, atteint d'une première crise, reste exposé à en avoir d'autres, et que leur répétition favorise les accès prolongés.

Ce n'est pas à dire cependant que l'affection suive toujours une évolution fatalement progressive. Elle ne se manifeste parfois, pendant toute la vie, que par des accès courts et espacés. Nous connaissons même des malades qui ont eu des accès prolongés et accompagnés de dilatation cardiaque, et qui ne présentent plus, depuis quelques années, que des crises relativement courtes. Il peut même y avoir guérison lorsque les accès étaient provoqués par un réflexe d'origine gastrique ou utérine. Ces faits sont rares, mais indéniables, et l'on peut toujours espérer au moins une rémission plus ou moins longue.

Dans la majorité des cas, cependant, après quelques années d'accès courts, on en voit survenir de plus longs, compliqués de dilatation secondaire. Lorsque les accès se répètent et se prolongent, la tachycardie peut tendre à devenir continue.

La mort subite s'observe enfin, soit au cours d'un accès, soit plus ou moins longtemps après une crise asystolique.

Aussi doit-on toujours rechercher à faire avorter ou à interrompre les accès, ce à quoi parviennent assez souvent les efforts de déglutition ou d'inspiration forcée, la compression des vagues au cou, le chatouillement du pharynx, et mieux encore l'ipéca déjà signalée par Stokes, et sur lequel ont récemment insisté Devic et Savy. Nous avons vu, chez deux de nos malades, la crise s'arrêter au premier vomissement.

L'extrait d'hypophyse, l'injection intraveineuse de strophantine (Baccelli) donnent aussi quelquefois de bons résultats.

De toutes manières, le pronostic de la tachycardie doit être considéré comme sérieux.

Causes provocatrices. — L'affection peut débuter à tout âge. Heringham et nous-mêmes l'avons observée chez l'enfant. Son hérédité directe a été constatée par Faisans chez la mère et la fille ; Kickland l'a observée chez douze membres d'une même famille.

Toutes les causes qui favorisent le développement des extrasystoles semblent également influer sur celui des accès paroxystiques. C'est ainsi que le *surmenage* physique ou psychique se retrouve dans les antécédents des malades avec une fréquence singulière, de même que les *émotions*, les *traumatismes*, les *abus de thé*, *de café* ou *de tabac*.

Souvent aussi les accès semblent sous la dépendance de *troubles dyspeptiques* : ils succèdent à des écarts d'alimentation et s'espacent par le bicarbonate de soude et par le régime.

La *constipation chronique*, les *parasites intestinaux* peuvent agir dans le même sens.

Eales a publié quatre observations de tachycardie paroxystique chez des malades affectés de *rein flottant*. D'autres cliniciens ont vu les accès se montrer à l'établissement des règles ou disparaître après le redressement d'une rétroflexion utérine. Il est certain que, comme l'ont montré Clément et Kisch, ils accompagnent souvent l'évolution de la *ménopause*.

Toutes ces causes semblent agir en élevant transitoirement la tension artérielle, par le même mécanisme qui provoque l'apparition des extrasystoles. L'influence des émotions, des efforts, est surtout nette au début de la maladie.

La présence de *lésions valvulaires* (aortiques ou mitrales) ne semble pas suceptible de provoquer les accès, si l'on en juge par la rareté relative de la tachycardie paroxystique chez les cardiaques. Nous avons vu seulement que cette association aggravait singulièrement le pronostic. Il en est de même pour les crises tachycardiques qui surviennent au cours de l'*artériosclérose* (Romberg, Huchard). Elles sont alors parfois provoquées par la grippe ou par une pneumonie, et peuvent avoir une évolution rapidement fatale.

Pathogénie. — On ne peut pas expliquer les crises de tachycardie paroxystique par la suspension de la fonction pneumogastrique, puisque nous savons que l'accélération provoquée par leur section ne dépasse pas 150. Les altérations des pneumogastriques n'ont d'ailleurs été que rarement observées à l'autopsie. On a constaté parfois des tumeurs cérébrales ou bulbaires, l'atrophie du centre du vague (Charcot) ; dans un seul cas, la compression du tronc du nerf droit (Schlesinger).

Aussi certains auteurs ont-il préféré incriminer une excitation, quelque peu hypothétique, du sympathique, et Schlesinger admettait même une inhibition transitoire des nerfs modérateurs s'associant à l'excitation des accélérateurs.

Depuis quelques années, on tend à rechercher la cause immédiate des accès, non plus du côté du système nerveux, mais dans certaines altérations du cœur lui-même. Nous avons vu les rapports intimes que présentent les crises tachycardiques avec les extrasystoles : les unes et les autres apparaissent sous des influences provocatrices identiques ; il est fréquent de voir les crises survenir chez des individus qui, depuis plusieurs années, présentaient des extrasystoles plus ou moins groupées ; les crises sont souvent précédées ou suivies d'extrasystoles isolées ; le début de la tachycardie est presque toujours marquée, de même que le retour au rythme normal, par deux ou trois extrasystoles successives.

Hoffmann qui, le premier, a insisté sur ces faits, et aussi sur ce caractère que les battements du cœur était toujours en nombre double ou quadruple du nombre normal chez le même sujet, était arrivé à cette conclusion que la crise paroxystique était une accumulation d'extra-systoles. Ces dernières auraient été provoquées au niveau du sinus par une excitation nerveuse. D'autres auteurs ont pensé qu'elles étaient causées, au contraire, par une augmentation transitoire de l'excitabilité du sinus lui-même.

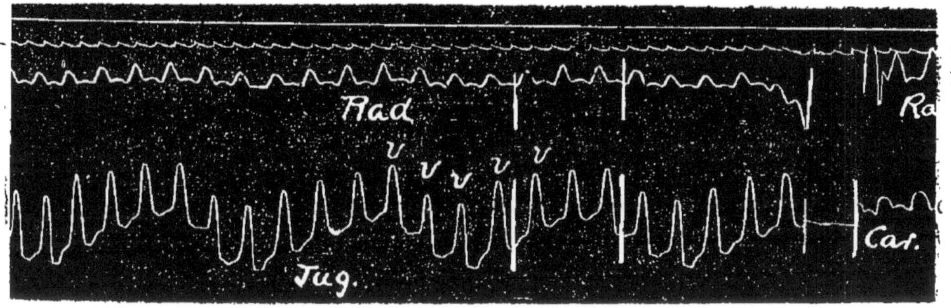

Fig. 36. — Attaque de tachycardie paroxystique à 180 ; l'ondulation *a* a disparu du tracé jugulaire qui ne montre qu'une seule onde *v* très prononcée (d'après J. Hay).

Les choses en étaient là lorsque parurent les beaux travaux de Mackenzie sur l'inscription clinique des veines jugulaires. Mackenzie signala, le premier, ce fait important, que le rythme fondamental du cœur était modifié pendant l'accès : l'onde *a* avait disparu, et les deux cavités auriculaires et ventriculaires se contractaient simultanément, par suite de la naissance incessante d'extrasystoles originaires du nœud de Tawara. Ces vues furent bientôt confirmées par J. Hay (*fig.* 36), par Hewlett, par Vaquez et Esmein [1].

La *fig.* 37 reproduit un tracé pris par l'un de nous vers la fin d'une attaque de tachycardie pa-

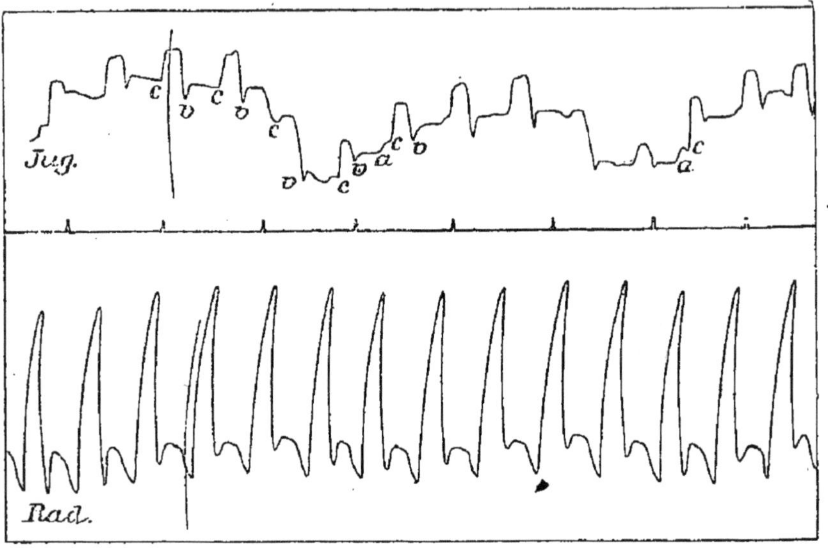

Fig. 37. — Fin d'une attaque de tachycardie paroxystique : le pouls est encore à 100. Le tracé jugulaire est du type dit « nodal », les ondes *c* et *v* étant seules présentes. On voit apparaître, dans la seconde moitié du tracé quelques ondes *a*, annonçant la tendance au rétablissement du rythme normal. Temps marqué en secondes (14 août 1909).

roxystique (la même dont un autre tracé est reproduit par la *fig.* 35). Le pouls jugulaire présente encore le *type nodal*, bien que de loin en loin

(1) Lewis a récemment montré, par des tracés et des électrocardiogrammes très démonstratifs, qu'il n'y a aucune différence entre les petites crises extrasystoliques qui ne durent que quelques secondes, et les plus longs paroxysmes tachycardiques.

apparaisse déjà une onde a, annonçant la production, encore intermittente, de contractions cardiaques normales.

L'expérimentation, de son côté, montrait à Hering et Rihl que l'excitation du faisceau de His pouvait produire une série d'extrasystoles auriculo-ventriculaires se succédant à un rythme très rapide, et Lohman constatait que ces séries cessaient brusquement par le retour au rythme normal comme dans les crises paroxystiques. Lewis a même pu obtenir (1909) la reproduction de ces crises, en anémiant le septum et le faisceau de His par la ligature de l'artère coronaire droite. Cette expérience était faite chez un chien ayant subi la section des pneumogastriques et des sympathiques : or, une heure et demie après la ligature, apparaissaient des extrasystoles dont le rythme pouvait atteindre 400.

Dans quelques autopsies récentes de tachycardie paroxytique, l'examen histologique a mis en évidence les altérations que l'on pouvait prévoir dans ces conditions. Dans un cas de Mackenzie, Keith a relevé une oblitération de l'artère irrigant le faisceau de His. Dans un second cas, il a noté des plaques fibreuses sur le faisceau de His et sur le nœud de Tawara. Chez une mitrale morte subitement au cours d'un accès, Vaquez et Esmein ont noté, avec l'intégrité du système nerveux, une infiltration leucocytaire du faisceau de His ayant altéré un certain nombre de ses fibres. Ces lésions discrètes expliquent bien l'état d'hyperexcitabilité du faisceau qui se manifestait par les accès paroxystiques.

Il ne faudrait pas croire cependant que les crises de tachycardie paroxystique soient toujours dues à des extrasystoles d'origine nodale. Si tel est le cas le plus général, il n'en est pas moins prouvé que, chez certains malades en crise, l'ondulation *a* peut persister sur le tracé jugulaire.

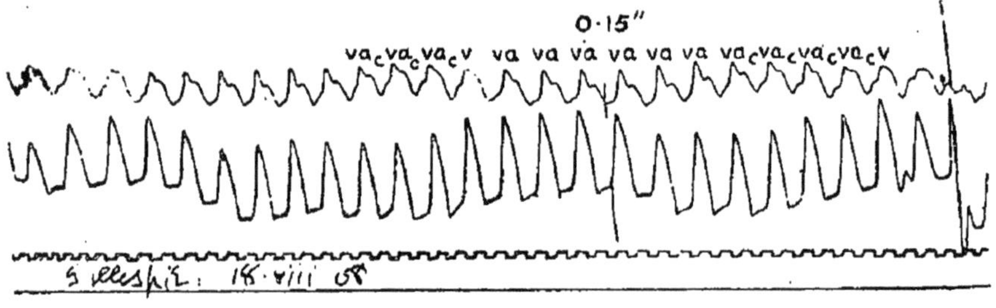

Fig. 38. — Persistance de l'onde *a* sur le tracé jugulaire au cours d'une crise de tachycardie paroxystique à 180 (d'après J. Cowan, Mac Donald et Binning).

Ainsi en était-il dans un cas rapporté par Cowan, Mac Donald et Binning (*fig.* 38), et où la tachycardie à 180 était provoquée par des extrasystoles d'origine auriculaire.

Dans un autre cas étudié avec soin par Lewis, les crises étaient précédées par des extrasystoles auriculaires, d'abord intercalées entre les contractions normales, puis qui se multipliaient au point de faire disparaître ces dernières. A ce moment, l'accès tachycardique débutait avec les caractères habituels. Sur l'électrocardiogramme, ces extrasystoles auriculaires s'inscrivaient par une courbe tout à fait différente de celle des contractions auriculaires normales. Elles présentaient même trois types distincts, preuve qu'elles tiraient leur origine de trois régions différentes des oreillettes.

TACHYCARDIE CONTINUE

Les crises paroxystiques peuvent aboutir à un état tachycardique subintrant, dans lequel le rythme cardiaque reste accéléré à 150-200, mais sans atteindre cependant les chiffres observés chez les mêmes malades lors des paroxysmes antérieurs. Cet état de tachycardie continue s'accompagne parfois de douleurs angineuses (Bristowe, Hoffmann). La dilatation en est l'aboutissant habituel, même chez les malades qui n'avaient jamais présenté cette complication pendant les crises les plus longues, et la mort survient dans l'asystolie.

Ce n'est cependant pas une règle absolue. Samson rapporte l'histoire d'un clergyman, âgé de soixante et un ans, et qui mourut subitement en courant dans la rue, après dix-neuf mois d'une tachycardie habituelle à 192. L'un de nous a pu observer un malade qui, après plusieurs attaques de tachycardie paroxystique, a conservé pendant près de deux ans un pouls à 150, ce qui ne l'a pas empêché de voyager à plusieurs reprises pendant cette période. Un jour, le pouls est revenu au chiffre normal. Ces malades ont été malheureusement suivis à une époque où l'on ne possédait pas encore les méthodes d'examen modernes. Seules, ces dernières permettront d'affirmer que les cas de cet ordre sont bien des faits de tachycardie par extrasystoles accumulées, et non de simples accélérations avec persistance du début sinusal de la contraction cardiaque.

TABLE DES MATIÈRES

—

Imprimerie Bussière. — Saint-Amand (Cher).

Vient de paraître :

Aide-Mémoire de Thérapeutique

PAR

G.-M. DEBOVE
Doyen honoraire de la Faculté de Médecine de Paris
Professeur de Clinique médicale.

G. POUCHET
Professeur de Pharmacologie et de Matière médicale à la Faculté de Médecine de Paris.

A. SALLARD
Ancien interne des Hôpitaux.

DEUXIÈME ÉDITION ENTIÈREMENT REVUE ET AUGMENTÉE
CONFORME AU CODEX DE 1908

I *vol. in-8° de* VIII-911 *pages, relié toile* . . . . **18** fr.

Traité élémentaire de Clinique Médicale

Par G.-M. DEBOVE
et A. SALLARD
Ancien interne des Hôpitaux.

I *vol. grand in-8° de* 1296 *pages avec* 275 *figures, relié toile.* **25** fr.

Traité des Maladies de l'Enfance

Deuxième édition, revue et augmentée, publiée sous la direction de MM. **J. GRANCHER**, professeur à la Faculté de Paris, et **J. COMBY**, médecin de l'hôpital des Enfants-Malades, *5 volumes grand in-8°, avec figures* . . . . **112** fr.

TOME I. **22** fr. — TOME II. **22** fr. — TOME III. **22** fr. — TOME IV. **22** fr. — TOME V. **24** fr.

Vient de paraître :

Cent cinquante Consultations Médicales pour les Maladies des Enfants

Par le Dr Jules COMBY
Médecin de l'hôpital des Enfants-Malades.

I *vol. in-16 de* IV-292 *pages, cartonné toile.* . . . . **3** fr. **50**

COLLECTION DE PRÉCIS MÉDICAUX

(VOLUMES IN-8°, CARTONNÉS TOILE ANGLAISE SOUPLE)

Viennent de paraître :

Parasitologie, par **E. BRUMPT**, professeur agrégé à la Faculté de médecine de Paris, *avec figures* . . » »

Microbiologie clinique, par **F. BEZANÇON**, agrégé à la Faculté de Paris. *Deuxième édition entièrement revue avec 148 figures* . . . . 9 fr.

Déjà publiés :

Introduction à l'étude de la Médecine, par **G.-H. ROGER**, professeur à la Faculté de Paris. *4e édition, entièrement revue*. . . . . **10** fr.

Physique biologique, par **G. WEISS**, professeur agrégé à la Faculté de Paris. *Deuxième édition revue et augmentée, avec 543 fig*. . . . . 7 fr.

Physiologie, par **Maurice ARTHUS**, professeur à l'Université de Lausanne. *3e édition, avec 286 figures en noir et en couleurs*. . . . . **10** fr.

Chimie physiologique, par **M. ARTHUS**. *6e édition, avec 118 fig. et 2 planches* 6 fr.

Dissection, par **P. POIRIER**, professeur, et **A. BAUMGARTNER**, ancien prosecteur à la Faculté de Paris, *2e édition revue et augmentée, avec 241 figures*. . . . . 8 fr.

Examens de Laboratoire *employés en clinique*, par **L. BARD**, professeur à l'Université de Genève, avec la collaboration de MM. **G. MALLET** et **H. HUMBERT**, *avec 138 fig*. . . . . 9 fr.

Diagnostic médical **et Exploration clinique**, par **P. SPILLMANN** et **P. HAUSHALTER**, professeurs, et **L. SPILLMANN**, professeur agrégé à la Faculté de Nancy, *avec 153 fig. en noir et en couleurs*. . . . . 7 fr.

Médecine infantile, par **P. NOBÉCOURT**, agrégé à la Fté. de Paris, *avec 77 fig. et 1 pl.* 9 fr.

Chirurgie infantile, par **E. KIRMISSON**, professeur à la Faculté de Paris, *avec 462 fig.* **12** fr.

Médecine légale, par **A. LACASSAGNE**, professeur à l'Université de Lyon, *2e édition entièrement revue avec 112 fig. et 2 planches en couleurs* . . . . **10** fr.

Manuel de Pathologie interne

Par Georges DIEULAFOY

Professeur de Clinique médicale à la Faculté de médecine de Paris
Médecin de l'Hôtel-Dieu, membre de l'Académie de médecine.

QUINZIÈME ÉDITION

entièrement refondue et considérablement augmentée.

4 vol. in-16 diamant, avec figures en noir et en couleurs, cartonnés à l'anglaise, tranches rouges. **32** fr.

Clinique Médicale de l'Hôtel-Dieu de Paris

par le Professeur **G. DIEULAFOY.** *5 vol. gr. in-8°, avec figures dans le texte.*

I. **1896-1897.** 1 vol. in-8°, avec figures . . . . **10** fr.
II. **1897-1898.** 1 vol. in-8°, avec figures. . . . . **10** fr.
III. **1898-1899.** 1 vol. in-8°, avec figures. . . . . **10** fr.
IV. **1900-1901.** 1 vol. in-8°, avec figures. . . . . **10** fr.
V. **1905-1906.** 1 vol. in-8°, avec figures et planches hors texte. . . . . **10** fr.

Vient de paraître:

VI. **1909.** 1 vol. in-8°, avec figures et planches hors texte. **10** fr.

Manuel Technique de Massage, par J. BROUSSES, membre correspondant de la Société de Chirurgie. *Troisième édition, revue et augmentée.*

1 vol. in-16 de 407 pages, avec 66 figures, cart. toile souple. **4** fr. **50**

L'Alimentation et les Régimes

chez l'homme sain ou malade

Par Armand GAUTIER

Professeur à la Faculté de Médecine, Membre de l'Institut.

TROISIÈME ÉDITION, REVUE ET AUGMENTÉE

1 volume in-8° de VIII-756 *pages, avec figures* . . . . **12** fr.

Vient de paraître :

DIGESTION ET NUTRITION

Par G.-H. ROGER

Professeur à la Faculté de Médecine de Paris,
Médecin de l'hôpital de la Charité.

1 vol. grand in-8°, de XIV-624 *pages, avec* 33 *fig. dans le texte.* **10** fr.

Déjà publié :

Alimentation et Digestion par **G.-H. ROGER.** **10** fr.

66540. — Imprimerie LAHURE, rue de Fleurus, 9, à Paris.

ENCYCLOPÉDIE
DES
SCIENCES MATHÉMATIQUES
PURES ET APPLIQUÉES,

Publiée sous les auspices des Académies des Sciences de Munich, de Vienne, de Leipzig et de Göttingue.

Édition française publiée d'après l'édition allemande
SOUS LA DIRECTION DE **Jules MOLK,**
Professeur à l'Université de Nancy.

L'édition française de l'*Encyclopédie* est publiée en sept tomes formant chacun trois ou quatre volumes de 300 à 500 pages in-8 (25-16) paraissant en fascicules de 10 feuilles environ.

Fascicules parus du Tome I :

Volume I.	Fascicule 1.	**5** fr.	Volume III. Fascicule 1..	**3** fr.
	Fasc. 2.	**5** fr. **25** c.	Fascicule 2.	**3** fr.
	Fascicule 3.	**6** fr.	Volume IV. Fascicule 1.	**5** fr.
	Fascicule 4...	**5** fr.	Fasc. 2.	**6** fr. **25** c.
Volume II.	Fascicule 1..	**8** fr.	Fasc. 3.	**6** fr. **25** c.

Fascicules parus du Tome II :

Volume I. Fascicule 1.. **4** fr. **50** | Volume II. Fascicule 1.. **7** fr.

LEÇONS
D'ÉLECTROTECHNIQUE GÉNÉRALE
PROFESSÉES A L'ÉCOLE SUPÉRIEURE D'ÉLECTRICITÉ

Par P. JANET,
Directeur du Laboratoire central et de l'École supérieure d'Électricité,
Professeur à la Faculté des Sciences de Paris.

TROIS VOLUMES IN-8° (25-16) SE VENDANT SÉPARÉMENT.

TOME I : *Généralités. Courants continus.* 3e édit. Volume de VII-415 pages avec 178 figures ; 1909.......................... **13** fr.

TOME II : *Courants alternatifs, sinusoïdaux et non sinusoïdaux. Alternateurs. Transformateurs.* 3e édition. Volume de IV-325 p. avec 159 figures; 1910.................................. **11** fr.

TOME III : *Moteurs à courants alternatifs. Couplage et compoundage des alternateurs. Transformateurs polymorphiques.* 2e édition. Volume de IV-356 pages avec 129 figures; 1908. **11** fr.

LEÇONS
SUR LA
THÉORIE DE LA CROISSANCE
PROFESSÉES A LA FACULTÉ DES SCIENCES DE PARIS

Par Émile BOREL

(RECUEILLIES ET RÉDIGÉES

Par A. DENJOY,

Ancien Élève de l'École Normale supérieure.

IN-8 (25-16) DE VI-172 PAGES; 1910........................ 5 FR. 50 C.

PRINCIPES DE LA THÉORIE
DES
FONCTIONS ENTIÈRES
D'ORDRE INFINI

Par Otto BLUMENTHAL,

Professeur à la « technische Hochschule » d'Aix-la-Chapelle.

IN-8 (25-16) DE VIII-150 PAGES, AVEC 6 FIGURES; 1910..... 5 FR. 50 C.

NOUVELLE MÉTHODE
DE
PRÉVISION DU TEMPS
PAR

Gabriel GUILBERT,

Lauréat du Concours international de Liége,
Secrétaire de la Commission météorologique du Calvados.

AVEC UNE PRÉFACE

Par Bernard BRUNHES,

Directeur de l'Observatoire du Puy de Dôme.

IN-8 (25-16) DE XXXVIII-344 PAGES, AVEC 80 FIGURES, CARTES ET 3 PLANCHES; 1909................................ 13 FR.

LEÇONS DE MÉCANIQUE CÉLESTE

PROFESSÉES A LA SORBONNE

Par H. POINCARÉ
Membre de l'Institut.

TROIS VOLUMES IN-8 (25-16), SE VENDANT SÉPARÉMENT.

TOME I. — *Théorie générale des perturbations planétaires.* Volume de VI-367 pages; 1905........................ **12 fr.**

TOME II. — (Ire PARTIE). — *Développement de la fonction perturbatrice.* Volume de IV-167 pages; 1907..................... **6 fr.**

— IIe PARTIE. — *Théorie de la Lune.* Volume de IV-137 pages; 1909.. **5 fr.**

TOME III. — *Théorie des marées.* Rédigé par E. FICHOT. Volume de IV-472 pages avec 2 planches; 1910.................. **16 fr.**

LA THÉORIE

DES

COURANTS ALTERNATIFS

Par Alexandre RUSSELL, M. A., M. I. E. E.,
Maître de Conférences de Mathématiques appliquées
Directeur de la Section des Mesures, à Faraday House, London,

TRADUIT DE L'ANGLAIS

Par G. SÉLIGMANN-LUI,
Inspecteur général des Téléphones.

DEUX VOLUMES IN-8 (25-16) SE VENDANT SÉPARÉMENT.

TOME I. Volume de IV-460 pages, avec 137 figures ; 1909.. **15 fr.**
TOME II. Volume de IV-551 pages, avec 209 figures; 1910... **18 fr.**

LES CUBILOTS AMÉRICAINS

Par Thomas-D. WEST,
Directeur de fonderie.

TRADUIT PAR P. AUBIÉ, INGÉNIEUR AUX FONDERIES DE GORCY.

In-8 (23-14) de VI-208 pages avec 49 fig., cartonné; 1910. 7 fr.

LECTURES DE MÉCANIQUE

LA MÉCANIQUE ENSEIGNÉE PAR LES AUTEURS ORIGINAUX

Par E. JOUGUET,
Ingénieur des Mines

DEUX VOLUMES IN-8 (25-16) SE VENDANT SÉPARÉMENT.

Iʳᵉ PARTIE : *La naissance de la Mécanique.* Volume de x-210 p. avec 88 figures; 1908 .... **7 fr. 50 c.**

IIᵉ PARTIE : *L'organisation de la Mécanique.* Volume de VIII-284 pages, avec 31 figures ; 1909 .... **10 fr.**

LES OSCILLATIONS ÉLECTROMAGNÉTIQUES

ET LA

TÉLÉGRAPHIE SANS FIL

Par le Professeur Dʳ J. ZENNECK.

OUVRAGE TRADUIT DE L'ALLEMAND
Par P. BLANCHIN, G. GUÉRARD, E. PICOT,
Officiers de Marine.

DEUX VOLUMES IN-8 (25-16) SE VENDANT SÉPARÉMENT.

TOME I : *Les oscillations industrielles. Les oscillateurs fermés à haute fréquence.* Volume de XII-505 pages, avec 422 figures ; 1909 .... **17 fr.**

TOME II : *Les oscillateurs ouverts et les systèmes couplés, les ondes électromagnétiques. La Télégraphie sans fil.* Volume de VI-489 pages, avec 380 figures; 1909 .... **17 fr.**

L'ÉLECTRICITÉ DANS LES MINES

APPLICATIONS DIVERSES. EXTRACTION.

Par E.-J. BRUNSWICK.

In-8 (25-16) de VIII-254 pages avec 68 figures; 1910...... **7 fr. 50**

COURS DE PHYSIQUE
DE L'ÉCOLE POLYTECHNIQUE,
Par J. JAMIN et E. BOUTY.

Quatre tomes in-8 (23-14), de plus de 4000 pages, avec 1587 figures et 14 planches; 1885-1891. .... **72 fr.**

TOME I. — **9** fr.

1er fascicule. — *Instruments de mesure. Hydrostatique;* avec 150 figures et 1 planche .... 5 fr.

2e fascicule. — *Physique moléculaire;* avec 93 figures .... 4 fr.

TOME II. — CHALEUR. — **15** fr.

1er fascicule. — *Thermométrie, Dilatations;* avec 98 figures. 5 fr.

2e fascicule. — *Calorimétrie;* avec 48 fig. et 2 planches .... 5 fr.

3e fascicule. — *Thermodynamique. Propagation de la chaleur;* avec 47 figures .... 5 fr.

TOME III. — ACOUSTIQUE; OPTIQUE. — **22** fr.

1er fascicule. — *Acoustique;* avec 123 figures .... 4 fr.

2e fascicule. — *Optique géométrique;* 139 fig. et 3 planches. 4 fr.

3e fascicule. — *Etude des radiations lumineuses, chimiques et calorifiques; Optique physique;* avec 249 fig. et 5 pl. 14 fr.

TOME IV (1re Partie). — ÉLECTRICITÉ STATIQUE ET DYNAMIQUE. — **13** fr.

1er fascicule. — *Gravitation universelle. Électricité statique;* avec 155 figures et 1 planche .... 7 fr.

2e fascicule. — *La pile. Phénomènes électrothermiques et électrochimiques;* avec 161 figures et 1 planche .... 6 fr.

TOME IV (2e Partie). — MAGNÉTISME; APPLICATIONS. — 13 fr.

3e fascicule. — *Les aimants. Magnétisme. Électromagnétisme. Induction;* avec 240 figures .... 8 fr.

4e fascicule. — *Météorologie électrique; applications de l'électricité. Théories générales;* avec 84 figures et 1 planche ..... 5 fr.

TABLES GÉNÉRALES *des quatre volumes.* In-8; 1891 .... 60 c.

Des suppléments destinés à exposer les progrès accomplis viennent compléter ce grand Traité et le maintenir au courant des derniers travaux.

1er SUPPLÉMENT. — **Chaleur. Acoustique. Optique**; par E. BOUTY, Professeur à la Faculté des Sciences. In-8, avec 41 fig.; 1896. 3 fr. 50 c.

2e SUPPLÉMENT. — **Électricité. Ondes hertziennes. Rayons X**; par E. BOUTY. In-8, avec 48 figures et 2 planches; 1899. 3 fr. 50 c.

3e SUPPLÉMENT. — **Radiations. Électricité. Ionisation. Applications de l'Electricité. Instruments divers**; par E. BOUTY. In-8, avec 104 figures; 1906 .... 8 fr.

ENCYCLOPÉDIE DES TRAVAUX PUBLICS

ET ENCYCLOPÉDIE INDUSTRIELLE.

TRAITÉ DES MACHINES A VAPEUR

CONFORME AU PROGRAMME DU COURS DE L'ÉCOLE CENTRALE (E. I.)

Par ALHEILIG et C. ROCHE, Ingénieurs de la Marine.

TOME I (412 fig.) ; 1895 ..... **20 fr.** | TOME II (281 fig.) ; 1895...... **18 fr.**

CHEMINS DE FER

PAR

E. DEHARME, Ingr principal à la Compagnie du Midi. | **A. PULIN**, Ingr Inspr pal aux chemins de fer du Nord.

MATÉRIEL ROULANT. RÉSISTANCE DES TRAINS. TRACTION

Un volume in-8 (25-16), XXII-441 pages, 95 figures, 1 planche; 1895 (E. I.). **15 fr.**

ÉTUDE DE LA LOCOMOTIVE. LA CHAUDIÈRE

Un volume in-8 (25-16) de VI-608 p. avec 131 fig. et 2 pl.; 1900 (E. I.). **15 fr.**

ÉTUDE DE LA LOCOMOTIVE. MÉCANISME, CHASSIS TYPES DE MACHINES

Un volume in-8 (25-16) de IV-712 pages, avec 288 figures et un atlas in-4° (32-25) de 18 planches ; 1903 (E.I.). Prix.............................. **25 fr.**

TRAITÉ GÉNÉRAL DES AUTOMOBILES A PETROLE

Par Lucien PÉRISSÉ,
Ingénieur des Arts et Manufactures.

In-8 (25-16) de IV-503 p. avec 286 fig.; 1907 (E. I.)... **17 fr. 50 c.**

INDUSTRIES DU SULFATE D'ALUMINIUM,

DES ALUNS ET DES SULFATES DE FER,

Par Lucien GESCHWIND, Ingénieur-Chimiste.

Un volume in-8 (25-16), de VIII-364 pages, avec 195 figures; 1899 (E. I.). **10 fr.**

COURS DE CHEMINS DE FER

PROFESSÉ A L'ÉCOLE NATIONALE DES PONTS ET CHAUSSÉES,

Par C. BRICKA,

Ingénieur en chef de la voie et des bâtiments aux Chemins de fer de l'État.

DEUX VOLUMES IN-8 (25-16); 1894 (E. T. P.).

TOME I : avec 326 fig.; 1894.. **20 fr.** | TOME II : avec 177 fig.; 1894.. **20 fr.**

COUVERTURE DES ÉDIFICES

Par J. DENFER,

Architecte, Professeur à l'École Centrale.

UN VOLUME IN-8 (25-16), AVEC 429 FIG.; 1893 (E. T. P.). **20 FR.**

CHARPENTERIE MÉTALLIQUE

Par J. DENFER,

Architecte, Professeur à l'École Centrale.

DEUX VOLUMES IN-8 (25-16); 1894 (E. T. P.).

TOME I : avec 479 fig.; 1894.. **20 fr.** | TOME II : avec 571 fig.; 1894.. **20 fr.**

ÉLÉMENTS ET ORGANES DES MACHINES

Par Al. GOUILLY,

Ingénieur des Arts et Manufactures.

IN-8 (25-16) DE 406 PAGES, AVEC 710 FIG.; 1894 (E. I.).. **12 FR.**

MÉTALLURGIE GÉNÉRALE

Par U. LE VERRIER,
Ingénieur en chef des Mines, Professeur au Conservatoire des Arts et Métiers.

VOLUMES IN-8 (25-16) SE VENDANT SÉPARÉMENT (E. I.) :

I. — *Procédés de chauffage.* Volume de 367 pages, avec 171 fig.; 1902 .... **12 fr.**

II. — *Procédés métallurgiques et études des métaux.* Volume de 403 pages, avec 194 figures; 1905 .... **12 fr.**

VERRE ET VERRERIE

Par Léon APPERT et Jules HENRIVAUX, Ingénieurs.

In-8 (25-16) avec 130 figures et 1 atlas de 14 planches; 1894 (E. I.).... **20 fr.**

COURS D'ÉCONOMIE POLITIQUE

PROFESSÉ A L'ÉCOLE NATIONALE DES PONTS ET CHAUSSÉES (E. I. P.)

Par C. COLSON,
Ingénieur en chef des Ponts et Chaussées.

SIX LIVRES IN-8 (25-16) SE VENDANT SÉPARÉMENT, CHACUN **6** FRANCS.

LIVRE I : *Théorie générale des phénomènes économiques.* Un volume de 450 pages. 2e édition; 1907.

LIVRE II : *Le travail et les questions ouvrières.* Un volume de 344 pages; 1901. (Nouveau tirage.)

LIVRE III : *La propriété des biens corporels et incorporels.* Un volume de 342 pages; 1902.

LIVRE IV : *Les entreprises, le commerce et la circulation.* Un volume de 432 pages; 1903.

LIVRE V : *Les finances publiques et le budget de la France.* 2e édition revue et mise à jour. Un volume de 466 pages; 1909.

LIVRE VI : *Les Travaux publics et les transports.* Un volume de 528 pages; 1907.

SUPPLÉMENT au Livre VI. Brochure in-8 ; 1909....... **0 fr. 75 c.**

PONTS SOUS RAILS ET PONTS-ROUTES A TRAVÉES MÉTALLIQUES INDÉPENDANTES.

FORMULES, BARÈMES ET TABLEAUX

Par Ernest HENRY,
Inspecteur général des Ponts et Chaussées.

UN VOLUME IN-8 (25-16), AVEC 267 FIG.; 1894 (E. T. P.). **20 FR.**

CHEMINS DE FER.

EXPLOITATION TECHNIQUE

PAR MM.

SCHŒLLER,
Chef adjoint des Services commerciaux à la Compagnie du Nord.

FLEURQUIN,
Inspecteur des Services commerciaux à la même Compagnie.

UN VOLUME IN-8 (25-16), AVEC FIGURES; 1901 (E. I.).... **12 FR.**

TRAITÉ DES INDUSTRIES CÉRAMIQUES

Par E. BOURRY,
Ingénieur des Arts et Manufactures.

IN-8 (25-16), DE 755 PAGES, AVEC 349 FIG.; 1897 (E. I.). **20 FR.**

RÉSUMÉ DU COURS
DE

MACHINES A VAPEUR ET LOCOMOTIVES

PROFESSÉ A L'ÉCOLE NATIONALE DES PONTS ET CHAUSSÉES,

Par J. HIRSCH,
Inspecteur général honoraire des Ponts et Chaussées,
Professeur au Conservatoire des Arts et Métiers.

2e édit. In-8 (25-16) de 510 p. avec 314 fig.; 1898 (E. T. P.). **18 fr.**

LE VIN ET L'EAU-DE-VIE DE VIN

Par Henri DE LAPPARENT,
Inspecteur général de l'Agriculture.

INFLUENCE DES CÉPAGES, CLIMATS, SOLS, ETC., SUR LE VIN, VINIFICATION, CUVERIE, CHAIS, VIN APRÈS LE DÉCUVAGE. ÉCONOMIE, LÉGISLATION.

IN-8 (25-16) DE XII-533 P., 111 FIG., 28 CARTES; 1895 (E.I.). **12 FR.**

CHEMINS DE FER
A CRÉMAILLÈRE

Par M. LÉVY-LAMBERT.

IN-8 (25-16) DE IV-479 PAGES, AVEC 137 FIG.; 1908. (E. T. P.).. **15 fr.**

MACHINES FRIGORIFIQUES
PRODUCTION ET APPLICATIONS DU FROID ARTIFICIEL,

Par H. LORENZ, Professeur à l'Université de Halle.
TRADUIT DE L'ALLEMAND PAR **P. PETIT** et **J. JAQUET.**

In-8 (25-16) de IX-186 pages, avec 131 figures; 1898 (E. I.)... **7 fr.**

COURS DE CHEMINS DE FER
(ÉCOLE SUPERIEURE DES MINES),

Par E. VICAIRE Inspecteur général des Mines,
rédigé et terminé par **F. MAISON,** Ingénieur des Mines.

In-8 (25-16) de 581 pages avec nombreuses fig.; 1903 (E. I.). **20 fr.**

COURS DE GÉOMÉTRIE DESCRIPTIVE
ET DE GÉOMÉTRIE INFINITÉSIMALE,

Par Maurice D'OCAGNE,
Ingr et Profr à l'École des Ponts et Chaussées, Répétiteur à l'École Polytechnique.

IN-8 (25-16) DE XI-428 P., AVEC 340 FIG.; 1896 (E. T. P.). **12 FR.**

BIBLIOTHÈQUE
PHOTOGRAPHIQUE

La Bibliothèque photographique se compose de plus de 200 volumes et embrasse l'ensemble de la Photographie considérée au point de vue de la Science, de l'Art et des applications pratiques.

MONOGRAPHIE DU DIAMIDOPHÉNOL EN LIQUEUR ACIDE,

Nouvelle méthode de développement.

Par G BALAGNY.

In-16 (19-12) de VIII-84 pages; 1907........................... 2 fr. 75 c.

DICTIONNAIRE DE CHIMIE PHOTOGRAPHIQUE,

A l'usage des Professionnels et des Amateurs,

Par G. et A. BRAUN fils.

Un volume grand in-8 (25-16) de 500 pages........................... 12 fr.

LES CORRECTIFS DU DÉVELOPPEMENT.

Étude pratique du renforcement et de l'affaiblissement des images photographiques,

Par ERNEST COUSTET.

In-16 (19-12) de VI-58 pages; 1908........................... 1 fr. 75 c.

PRÉCIS DE PHOTOGRAPHIE GÉNÉRALE,

Par Édouard BELIN.

Deux volumes in-8 (25-16), se vendant séparément.

TOME I : *Généralités. Opérations photographiques.* Vol. de VIII-246 pages, avec 96 figures; 1905........................... 7 fr.

TOME II : *Applications scientifiques et industrielles.* Vol. de 233 pages avec 99 figures et 10 planches; 1905........................... 7 fr.

TRAITÉ ENCYCLOPÉDIQUE DE PHOTOGRAPHIE,

Par C. Fabre, Docteur ès Sciences.

4 beaux vol. in-8 (25-16), avec 724 figures et 2 planches; 1889-1891.. **48 fr.**

Chaque volume se vend séparément **14 fr.**

Des suppléments destinés à exposer les progrès accomplis viennent compléter ce Traité et le maintenir au courant des dernières découvertes.

1er *Supplément* (A). Un beau vol. de 400 p. avec 176 fig.; 1892.......... **14 fr.**
2e *Supplément* (B). Un beau vol. de 424 p. avec 221 fig.; 1897.......... **14 fr.**
3e *Supplément* (C). Un beau vol. de 400 p. avec 215 fig.; 1903.......... **14 fr.**
4e *Supplément* (D). Un beau vol. de 414 p. avec 151 fig.; 1906.......... **14 fr.**
Les 8 volumes se vendent ensemble.................... **96 fr**

CARNET PHOTOGRAPHIQUE. QUINZE ANS DE PRATIQUE DE LA PHOTOGRAPHIE.

Par A. Charvet.

In-16 (19-12) de VI-88 pages, avec figures et 8 planches; 1910.. **2 fr. 75.**

LES POSITIFS SUR VERRE,

THÉORIE ET PRATIQUE,

Par H. Fourtier.

2e édition. In-16 (19-12) de 188 pages, avec 1? figures; 1907... **2 fr. 75 c.**

LA PHOTOGRAPHIE AU CHARBON PAR TRANSFERTS ET SES APPLICATIONS

Par G.-A. Liébert.

In-8 (25-16) de VI-283 pages, avec 20 figures et une épreuve au charbon; 1908.. **9 fr.**

CONSEILS AUX AMATEURS PHOTOGRAPHES,

Par Maurice Mercier.

In-16 (19-12) de VI-144 pages; 1907........................ **2 fr. 75 c.**

APPLICATIONS DE LA PHOTOGRAPHIE AUX LEVÉS TOPOGRAPHIQUES EN HAUTE MONTAGNE,

Par Henri Vallot et Joseph Vallot.

In-16 (19-12) de XIV-237 pages avec 36 figures et 4 planches; 1907. . . **4 fr.**

(*Mai* 1910.)

45311 — Paris, Imp. Gauthier-Villars 55, quai des Grands-Augustins.

ENCYCLOPÉDIE SCIENTIFIQUE DES AIDE-MÉMOIRE

Derniers ouvrages parus

Section du Biologiste

FAISANS. — Maladies des organes respiratoires.
MAGNAN et SÉRIEUX. — I. Le délire chronique. — II. La paralysie générale.
G. WEISS. — Electro-physiologie.
BAZY. — Maladies des voies urinaires. (4 vol.).
TROUSSEAU. — Hygiène de l'œil.
FÉRÉ. — Epilepsie.
LAVERAN. — Paludisme.
POLIN et LABIT. — Aliments suspects.
BERGONIÉ. — Physique du physiologiste et de l'étudiant en médecine.
MEGNIN. — I. Les acariens parasites. — II. La faune des cadavres.
DEMELIN. — Anatomie obstétricale.
TH. SCHLŒSING fils. — Chimie agricole.
CUÉNOT. — I. Les moyens de défense dans la série animale. — II. L'influence du milieu sur les animaux.
A. OLIVIER. — L'accouchement normal.
BERGÉ. — Guide de l'étudiant à l'hôpital.
CHARRIN. — Poisons de l'organisme (3 vol.).
ROGER. — Physiologie du foie.
BROCQ et JACQUET. — Précis élémentaire de dermatologie (5 vol.).
HANOT. — De l'endocardite aiguë.
DE BRUN. — Maladies des pays chauds. (2 vol.).
BROCA. — Tumeurs blanches des membres chez l'enfant.
DU CAZAL ET CATRIN. — Médecine légale militaire.
LAPERSONNE (DE). — Maladies des paupières.
KŒHLER. — Applications de la photographie aux sciences naturelles.
BEAUREGARD. — Le microscope.
LESAGE. — Le choléra.
LANNELONGUE. — La tuberculose chirurgicale.
CORNEVIN. — Production du lait.
J. CHATIN. — Anatomie comparée (4 vol.)
CASTEX. — Hygiène de la voix.
MERKLEN. — Maladies du cœur.
G. ROCHÉ. — Les grandes pêches maritimes modernes de la France.
OLLIER. — I. Résections sous-périostées. — II. Résections des grandes articulations.
LETULLE. — Pus et suppuration.
CRITZMAN. — Le cancer. — La goutte.
ARMAND GAUTIER. — La chimie de la cellule vivante.
SÉGLAS. — Le délire des négations.
STANISLAS MEUNIER. — Les météorites.
GRÉHANT. — Les gaz du sang.
NOCARD. — Les tuberculoses animales et la tuberculose humaine.
MOUSSOUS. — Maladies congénitales du cœur.
BERTHAULT. — Les prairies (3 vol.).
TROUESSART. — Parasites des habitations humaines.
LAMY. — Syphilis des centres nerveux.
RECLUS. — La cocaïne en chirurgie.
THOULET. Océanographie pratique.
HOUDAILLE. — Météorologie agricole.
VICTOR MEUNIER. — Sélection et perfectionnement animal.
HÉNOCQUE. — Spectroscopie biologiq. (3 vol.).
GALIPPE et BARRÉ. — Le pain (2 v.).
LE DANTEC. — I. La matière vivante. — II. La bactéridie charbonneuse. — III. La forme spécifique.
L'HOTE. — Analyse des engrais.
LARBALÉTRIER. — Les tourteaux. — Résidus industriels employés comme engrais (2 vol.). — Beurre et margarine. — Tourbe et Tourbières. — Sel, Salines et Marais salants.
LE DANTEC et BÉRARD. — Les sporozoaires.
DEMMLER. — Soins aux malades.
DALLEMAGNE. — La criminalité (3 vol.) — La volonté (3 vol.).
BRAULT. — Des artérites (2 vol.).
RAVAZ. — Reconstitution du vignoble.
EHLERS. — L'ergotisme.
BONNIER. — L'oreille (5 vol.).
DESMOULINS. — Conservation des produits et denrées agricoles.
LOVERDO. — Le ver à soie.
DUBREUILH et BEILLE. — Les parasites animaux de la peau humaine.
KAYSER. — Les levures.
COLLET. — Troubles auditifs des maladies nerveuses. — Laryngoscopie.
LOUBIÉ. — Essences forestières (2 vol.).
MONOD. — L'appendicite.
DELOBEL et COZETTE. La vaccine.
WURTZ. — Technique bactériologique.
BAUDY. — L'occlusion intestinale.
LAULANIÉ. — Energétique musculaire.
MALPEAUX. — La pomme de terre. — La betterave à sucre.
GIRAUDEAU. — Péricardites.
BERTHELOT (M.). — Chaleur animale (2 vol.).
MAURANGE (G.) — Péritonite tuberculeuse.
MARTIN (O.). — La fièvre typhoïde.
GOUGET. — Insuffisance hépatique.
GASSER. — Analyse des eaux potables.
MARIE. — La Rage.
ROMME. — I. L'alcoolisme et la lutte contre l'alcool en France. — II. La lutte sociale contre la Tuberculose
HÉDON. — Physiologie du Pancréas.
PLUMANDON. — Les Orages et la Grêle.
SEURAT. — L'Huître perlière.
ALQUIER. — Aliments végétaux Bétail. — I. Analyse élémentaire. — II. Analyse immédiate.
PACTET et COLIN. — I. Les Aliénés devant la Justice. — II. Les Aliénés dans les Prisons.
VASCHIDE et VURPAS. — Psychologie du Délire.
VOUZELLE. — La Syphilis : I. Chancre et Syphilis secondaire. — II. Syphilis tertiaire et Hérédo-Syphilis.
BODIN. — Les Champignons parasites de l'Homme.

ENCYCLOPÉDIE SCIENTIFIQUE DES AIDE-MÉMOIRE

Derniers ouvrages parus

Section de l'Ingénieur

Picou. — Distribution de l'électricité. (2 vol.). — Canalisations électriques.
Dwelshauvers-Dery. — Machine à vapeur. — I. Calorimétrie. — II. Dynamique.
A. Madamet. — Tiroirs et distributeurs de vapeur. — Détente variable de la vapeur. — Épures de régulation.
Aimé Witz. — I. Thermodynamique. — II. Les moteurs thermiques.
H. Gautier. — Essais d'or et d'argent.
Bertin. — État de la marine de guerre.
Berthelot. — Calorimétrie chimique.
De Viaris. — L'art de chiffrer et déchiffrer les dépêches secrètes.
Guillaume. — Unités et étalons.
Widmann. — Principes de la machine à vapeur.
Minel (P.). — Électricité industrielle. (2 vol.). — Electricité appliquée à la marine. — Régularisation des moteurs des machines électriques.
Hébert. — Boissons falsifiées.
Naudin. — Fabrication des vernis.
Sinigaglia. — Accidents de chaudières.
Vermand. — Moteurs à gaz et à pétrole.
Bloch. — Eau sous pression.
De Marchena. — Machines frigorifiques (2 vol.).
Prud'homme. — Teinture et impression.
Sorel. — I. La rectification de l'alcool. — II. La distillation.
De Billy. — Fabrication de la fonte.
Hennebert (Cl). — I. La fortification. — II. Les torpilles sèches. — III. Bouches à feu. — IV. Attaque des places. — V. Travaux de campagne. — VI. Communications militaires.
Caspari. — Chronomètres de marine.
Louis Jacquet. — La fabrication des eaux-de-vie.
Dudebout et Croneau. — Appareils accessoires des chaudières à vapeur.
C. Bourlet. — Bicycles et bicyclettes.
H. Léauté et A. Bérard. — Transmissions par câbles métalliques.
Hatt. — Les marées.
H. Laurent. — I. Théorie des jeux de hasard. — II. Assurances sur la vie. — III. Opérations financières.
Ct Vallier. — Balistique (2 vol.). — Projectiles. Fusées. Cuirasses (2 vol.).
Leloutre. — Machines à vapeur. I. Fonctionnement. — II. Echappement.
Dariès. — Cubature des terrasses. — Conduites d'eau. — Calcul des canaux.
Sidersky. — I Polarisation et saccharimétrie. — II. Constantes physiques.
Niewenglowski. — Applications scientifiques et industrielles de la photographie (2 vol.). — Chimie des manipulations photographiques (2 vol.)
Rocques (X.). — Alcools et eaux-de-vie. — Le Cidre.
Moessard. — Topographie.
Boursault. — Calcul du temps de pose. — Eaux potables et industrielles.
Seguela. — Les tramways.
Lefevre (J.). — I. La spectroscopie. — II. La spectrométrie. — III. Eclairage électrique. — IV. Eclairage aux gaz, aux huiles, aux acides gras. — V. Liquéfaction des gaz.
Barillot (E.). — Distillation des bois.
Moissan et Ouvrard. — Le nickel.
Urbain. — Les succédanés du chiffon en papeterie.
Loppé. — I. Accumulateurs électriques. — II. Transformateurs de tension.
Ariès. — I. Chaleur et énergie. — II. Thermodynamique.
Fabry. — Piles électriques.
Henriet. — Les gaz de l'atmosphère.
Dumont. — Electromoteurs. — Automobiles sur rails.
Minet (A.). — I. L'électro-métallurgie. — II. Les fours électriques. — III. L'électro-chimie. — IV. L'électrolyse. — V. Analyses électrolytiques. — VI. Galvanoplastie et Galvanostégie.
Dufour. — Tracé d'un chemin de fer.
Miron (F.). — Les huiles minérales.
Bornecque. — Armement portatif.
Lavergne. — Les turbines.
Périssé. — Automobiles sur routes.
Lecornu. — Régularisation du mouvement dans les machines.
Le Verrier. — La fonderie.
Seyrig. — Statique graphique (2 vol.).
Laurent (P.). — Déculassement des bouches à feu. — Résistance des bouches à feu.
Jaubert. — Goudron de houille. — Matières colorantes. — Matières odorantes. — Produits aromatiques. — Parfums comestibles. — Garance et Indigo.
Clerc. — Photographie des couleurs.
Gouré de Villemontée. — Résistance électrique.
Labbé. — Essai des huiles essentielles.
Vanutberghe. — Exploitation des forêts (2 vol.).
Vigneron et Letheule. — Mesures électriques (2 vol.).
Pozzi-Escot. — Analyse chimique (2 v.). — Analyse des gaz. — Les Diastases.
Persoz. — Essai des matières textiles.
Thomas. — I. Phénomènes de dissolution et leurs applications. — II. Matières colorantes naturelles. — III. Plantes tinctoriales.
Gages. — Métaux dérivés du fer : I. Leur travail. — II. Leur élaboration : Foyers métallurgiques. — III. Leur élaboration : Réactions métallurgiques.
Blondel. — Moteurs synchrones à courants alternatifs.
Guichard. — I. Analyse des eaux potables. — II. L'eau potable devant les municipalités.
Rigaud. — Expertises et Arbitrages.
Halphen. — Analyse des matières grasses.
Astruc. — Le Vin.
D'Equevilley. — Les bâteaux sous-marins et les submersibles.
Gay. — Les câbles sous-marins. Fabrication.

www.ingramcontent.com/pod-product-compliance
Ingram Content Group UK Ltd.
Pitfield, Milton Keynes, MK11 3LW, UK
UKHW020320230726
13925UKWH00002B/535